SAIS

Readers in International Affairs

Advanced Arabic

Gerald E. Lampe
Samia S. Montasser

JOHNS HOPKINS
UNIVERSITY

School of Advanced International Studies
Washington, D.C.

KENDALL/HUNT PUBLISHING COMPANY
4050 Westmark Drive   Dubuque, Iowa 52002

ACKNOWLEDGEMENTS

The authors of the **SAIS Arabic Reader** for International Affairs wish to convey special thanks to SAIS students *Camille Pecastaing* and *Husam Al-Khatib* for assuming the difficult technical tasks involved in the production of a textbook of this kind: word-processing, graphic layout, formatting and background information. They also wish to thank the instructors at other universities and several U.S. Government agencies who trial-tested the lessons and provided useful feedback and the students who participated in the trial-testing and made helpful suggestions, in particular SAIS students.

Copyright © 1998 by School of Advanced International Studies of the Johns Hopkins University

ISBN 0-7872-5281-6

All rights reserved. No part of this publication may be reproduced, stored in a retrieval system, or transmitted, in any form or by any means, electronic, mechanical, photocopying, recording, or otherwise, without the prior written permission of the copyright owner.

Printed in the United States of America
10 9 8 7 6 5 4 3 2 1

The *SAIS Readers in International Affairs* are dedicated to language faculty everywhere who help people attain functional language and culture competency which is essential for effectively carrying out the tasks of international affairs.

Foreword

The idea of developing the **SAIS Readers in International Affairs** was first conceived by our colleague Hanne Schulten several years ago in response to the need expressed by all of the faculty in SAIS Language Studies for an integrated curriculum for our advanced students. Our faculty decided to begin working with a lesson paradigm which another colleague, Natasha Simes Timofeeva, had used in her previous Russian language publications, and after hundreds of hours of discussions, debate, and compromise, we modified and reformulated that paradigm to create a sequence of texts and exercises for language learning that enable students and other specialists in international affairs to read and get information from authentic material and to do so with enjoyment and without the drudgery of extensive rote memorization. In addition, our faculty was intent on developing a series of lessons in a flexible format which could be used either by individual learners or in a classroom situation.

Recognizing that there are few occupationally-specific materials on the market for specialists in international affairs, especially at the advanced level, and that there is a national need for such materials, we embarked on a major project to formally develop these materials in five *critical* languages: Arabic, Chinese, Japanese, Portuguese, and Russian. The project included a National Foreign Language Center (NFLC) language survey of the graduate schools of international affairs - all members of the Association of Professional Schools of International Affairs (APSIA) - which confirmed a tremendous deficit in the availability of materials in the above-mentioned languages, particularly at the advanced level. It also included the establishment of a private, interactive web site for sharing the **Readers** with faculty at the other APSIA schools, which we hope will create a continuing dialogue among the faculty involved. The goal of this project is to create collaboratively an archive of material which will enable learners to attain Advanced (Interagency Roundtable Level 2) and Superior (IRL 3) levels of competency in Reading and ultimately an integrated curriculum which includes Listening, Speaking, and Writing as well. The development of these materials will go a long way toward fulfilling a significant, growing national need in government and private industry (especially the service sector) for people possessing occupationally-specific language and culture skills. Fulfillment of this need should ultimately strengthen the position of the United States in our increasingly interdependent and "globalized" world.

It is generally acknowledged that most students and trainees cannot devote many years to the intensive study of languages and that academic institutions do not have sufficient human and financial resources to provide such extensive instruction. It is, therefore, believed that providing effective occupationally-specific instruction will enable people to acquire functional language competency in a shorter period of time. The project participants hope that our project will provide a model and the impetus for the development of similar occupationally-specific materials in other professions, such as engineering, law, and medicine, and for the establishment of a continuing dialogue among the language faculty who specialize in certain professional fields.

Finally, we wish to thank the US government educational programs for support of this project, the NFLC for its strong spirit of cooperation, and the SAIS Administration for its support and encouragement. We would also like to convey our appreciation to our colleagues Diane Whaley for taking on the arduous task of editing the five **Readers** and Nicole Mastromarino for setting up and managing the web site.

Gerald E. Lampe, Director
SAIS Language Studies
Washington, D.C

About the Book

The principal objective of the **Arabic Reader** is to enable specialists in international affairs to read for content and with accuracy Advanced level newspaper texts in six broad subject areas: International Relations, Economic Affairs, Domestic Politics, Defense and Security, Energy and Environment, and Social Issues.

The Main Texts and the Supplementary Texts in each lesson were carefully selected from a variety of Arabic language newspapers available to the authors; they were chosen for their cultural interest to international affairs specialists and for their idioms and their range of technical terminology within each subject area. All of the texts are authentic, but in most cases, they have been edited for length and in most cases, personal names have been replaced with official titles to preserve the timelessness of the lessons.

Each lesson contains:
1. **Background Information** in English to introduce the topic
2. a **Vocabulary List**
3. **Notes** on grammar and structure
4. **Pre-Text Exercises** to familiarize users with the vocabulary and structures presented in the Main Text
5. the **Main Text**
6. **Post-Text Exercises** to provide practice in critical close reading for content and to review vocabulary
7. **Vocabulary** for Supplementary Texts
8. **Broad Questions** on the Supplementary Texts
9. the **Supplementary Text(s)**
10. a **Glossary**

No effort has been spared to include in the Pre-Text and Post-Text exercises vocabulary items which are commonly found in most textbooks used for teaching Arabic as a foreign language. The grammar notes provide a brief explanation of some advanced grammatical constructions which are key to understanding the text. Vocabulary items are listed in Arabic by root just as they are arranged in an Arabic dictionary. A Glossary has been added for the convenience of the users. The first entry for each word in English gives the meaning in the special context of the lesson(s) followed by the more general meaning.

This textbook presupposes that users will have completed an Intermediate-level textbook, or the equivalent, prior to beginning Lesson One and that they have already acquired a limited vocabulary pertaining to international affairs.

To the Instructor

The **Arabic Reader** has been produced in a format that can be used either by individuals for self-study or by instructors and students in the classroom. A separate Answer Key Supplement is available from the publisher for self-study and for instructors. The Pre-Text and Post-Text sections can be used conveniently as a workbook in which answers can be circled or inserted in the spaces provided between parentheses; the exercises have been designed to develop good linguistic habits. The Pre-Text exercises usually include, for example, a dictionary exercise which focuses on verbs and other parts of speech derived from weak roots. The instructor may need to review the various forms of the weak verbs if the students have not studied them at the Intermediate level. It is worth noting that it will be necessary for the instructor to provide some explanation of grammar for each lesson since this is a **Reader**, not a grammar textbook.

Other exercises use mnemonic devices, such as synonyms and antonyms, for helping students to acquire and remember vocabulary, or they allow practice with syntactical structures or verb-preposition idioms. Still others concentrate on extracting information from the text: first, the more general information and then the more discreet.

How instructors make use of the different components of each lesson depends very much on which aspects of Arabic they wish to stress. They are indeed encouraged to develop additional vocabulary, grammar, and reading exercises, and, in fact, they are urged to produce additional lessons to add to the archive of material available for each of the six subject areas. Those who believe, as we do, that the classroom should be used for active skills, that is to say, for oral practice, are recommended to use the Background Information as a basis for discussing the lesson topic in Arabic. The content questions and exercises for the Main and Supplementary Texts may also serve as a take-off point for a lively discussion in Arabic of related issues.

Finally, instructors may choose—after introducing the Background Information and reviewing the Vocabulary and Notes—to assign some or all of the Pre-Text exercises as homework and to have the students execute the Post-Text exercises orally in class.

TABLE OF CONTENTS

SECTION ONE: INTERNATIONAL RELATIONS **علاقات دولية**

OFFICIAL VISITS زيارات رسمية

MEETINGS, TALKS, AND NEGOTIATIONS اجتماعات ومباحثات ومفاوضات

SECTION TWO : ECONOMIC AFFAIRS **شؤون اقتصادية**

FINANCE شؤون مالية

TRADE تجارة

SECTION THREE: DOMESTIC POLITICS **سياسات داخلية**

ELECTIONS انتخابات

POLITICAL CRISES أزمات سياسية

SECTION ONE: INTERNATIONAL RELATIONS

OFFICIAL VISITS
زيارات رسمية

Lesson 1   The Egyptian President's Visit.

How to Prepare to Read a Text.

First, read the Background Information and think about the subject of the lesson, retrieving your knowledge about the subject area and anticipating what you will read in the Main Text. Secondly, review the Vocabulary and Notes, paying particular attention to groups of words such as grammatical constructions, names of organizations, official titles, and useful expressions; all of these will make obtaining information from the Main Text easier. Then complete the Pre-Text Exercises which will give you practice in using an Arabic-English dictionary, make you aware of the usefulness of the Arabic root system and the various verb forms and their meanings, help you to learn and retain the vocabulary in the subject area, and give you an idea about the central themes of the Main Text.

I. Background Information.

Official visits are a central theme of the Arab media, much more so than in most western countries. Such articles focus primarily on the head of state and the key figures in the administration, their visits abroad, and visits to them by their foreign counterparts. The Main Text of this lesson deals with the visit of the Egyptian president to the United States.

II. Vocabulary.   المفردات.

Words and expressions in the order in which they appear in the Main Text.

to continue	استمرّ - يستمرّ (استمرار)
official	مَسْؤول (ج) ون
member	عُضْو (ج) أعضاء
move (n.)	تحرّك (ج) ات

signing	تَوقيع
treaty	معاهدة (ج) ات
to emphasize, to stress	أكّد - يؤكّد (تأكيد) على
plan	خِطّة (ج) خِطَط
area, direction	جِهة (ج) ات
reform	إصلاح (ج) ات
course, path, track	مسار (ج) ات
volume	حَجْم
investment	استثمار (ج) ات
determined to	عازم على
positive X negative	إيجابي X سَلْبي
deficit	عَجْز
inflated	مُتَضَخِّم
transactions	تَعامُلات
to reach	بلغ - يبلُغ (بلوغ)
exports X imports	صادرات X واردات
to exceed, to be more than	زاد - يزيد (زيادة) عن
to lead to	أدّى - يؤدّي (تأدية) إلى
result	نَتيجة (ج) نتائج
	لَمْ يَأْتِ = لَمْ يَجىءْ = لم يصلْ
threat	تهديد (ج) ات
alliance	مِحور
moderation	اعتدال
saving, salvation	إنقاذ
as a result	تباعاً لـ
convincing	إقناع
withdrawal	انسحاب

Organizations and Official Titles.   المنظّمات والألقاب الرّسميّة.

Senate	مجلس الشّيوخ
House of Representatives	مجلس النّوّاب
Agency for International Development (A.I.D.)	وكالة التّنمية الدّولية
Foreign Affairs Committee	لجنة الشّؤون الخارجية
Secretary of the Treasury	وزير الخزانة = وزير المالية
Foreign Policy Association	رابطة السّياسة الخارجية
monarch, sovereign	عاهل
Chamber of Commerce	غرفة التجارة
balance of trade	الميزان التّجاري
Arab Cooperation Council	مجلس التعاون العربي

Useful Expressions.   عبارات مفيدة.

to deliver a speech	ألقى خطاباً = ألقى كلمةً
to hold a luncheon	أقام حفل غداء
in his honor	على شرفه = تكريماً له
it is worth mentioning that	جدير بالذّكر أنّ
in the capacity, framework (of)	في إطار
pertaining to	خاصّ بـ = متعلّق بـ
in its (his) turn	بدوره
at the time when	في حين أنّ
moreover, furthermore	هذا و
whether	ما إذا
in return for	في مقابل
by (on the part of)	من طرف
to undertake	قام - يقوم بـ
to exert an effort	بذل جهداً

Notes.

1. Several: ← indefinite plural noun + عدّة ←

   as in: several days عدّة أيّام
   several books عدّة كُتُب
   several countries عدّة دول

2. وذلك may be left untranslated unless it is followed by a noun.

3. The superlative use of the accusative of specification: « التمييز »:

   ← indefinite accusative verbal noun + definite plural noun + أفعل ←

   as in: the most moderate grouping أكثر المجموعات اعتدالاً

4. Common construction used in place of the passive voice:

   ← verbal noun + intransitive verb ←

   as in: عندما يتمّ التوصّل إلى حلّ للمشكلة الفلسطينيّة
   when a solution to the Palestinian problem is reached
   (meaning: when the Palestinian problem is resolved)

5. Common uses of قام بـ:

   to pay a visit قام بزيارة
   to take a tour قام بجولة
   to take a trip قام برحلة

III. Pre-Text Exercises.

1. Using the dictionary, fill in the following table as indicated.

Root	Form	Verb	Meaning
		مرّ	
		لقى	
		وقع	
		يسِر	
		سهَم	
		استمر	
		التقى	
		وقّع	
		يسّر	
		ساهم في	

2. Select the word which does not belong in each group.

١) ا. الجاري   ب. الراهن   ج. الحالي   د. الغد

٢) ا. توقيع   ب. مباحثات   ج. اتفاق   د. وثيقة

٣) ا. مغادرة   ب. عاصمة   ج. استقبال   د. وصول

٤) ا. انخفض   ب. ارتفع   ج. ازداد   د. تصاعد

٥) ا. سعيد   ب. إيجابي   ج. سلبي   د. فَرِح

3. Choose the correct synonym for the following words.

١) مباحثات

ا . محادثات   ب . جلسات   ج . اجتماعات   د . مؤتمرات

٢) الجاري

ا . الأمس   ب . القادم   ج . التالي   د . الحالي

٣) خفض

ا . اضافة   ب . تقليل   ج . زيادة   د . رفع

٤) مغادرة

ا . ترك   ب . عودة   ج . وصول   د . رجوع

٥) متتالٍ

ا . الواحد بعد الآخر   ب . بالأمس   ج . في المستقبل   د . في نفس الوقت

4. Read the questions below, scan the Main Text, and write brief answers.

1) Which cities is The Egyptian President visiting?

2) When and where are speeches given?

3) Besides Egypt, which other countries are mentioned in the Main Text?

4) Who else is visiting the United States?

5. Indicate the paragraphs in which the subject of economic relations is discussed.

        1) paragraphs 1 and 3

        2) paragraphs 2 and 5

        3) paragraphs 3, 4 and 6

        4) paragraphs 3, 5 and 6

IV. Main Text.

زيارة الرئيس المصري

وصل الرئيس المصري في الرابعة من مساء يوم السبت الماضي إلى العاصمة الاميركية حيث استقبله وزير الخارجية الاميركي. و بدأت مباحثاته الاولى يوم الاثنين بلقائه مع الرئيس الاميركي. وسوف تستمر زيارة الرئيس المصري الى الولايات المتحدة حتى ظهر الاربعاء القادم في واحدة من اهم زياراته للولايات المتحدة الاميركية، التي يلتقى خلالها بالمسؤولين الاميركيين واعضاء مجلس الشيوخ والنواب، ورئيس وكالة التنمية الدولية، ونائب الرئيس الاميركي، واعضاء لجنة الشؤون الخارجية، ووزير الخزانة الاميركي ويقضي الرئيس المصري عدة ساعات في مدينة نيو يورك قبل مغادرته للبلاد حيث يلقي خطابا في حفل غداء تقيمه على شرفه رابطة السياسة الخارجية.

وجدير بالذكر أيضا أن العاهل الاردني سيجتمع مع الرئيس الاميركي هو الاخر في التاسع عشر من الشهر الجاري، وذلك في اطار تحرك دبلوماسي خاص بالشرق الاوسط لم تشهده العاصمة الاميركية منذ توقيع معاهدة السلام المصرية الاسرائيلية.

وكان الرئيس المصري قد القى خطاباً خلال الحفل الذي اقامته غرفة التجارة الاميركية تكريما له اكد فيه على العلاقات الاقتصادية الجيدة بين مصر والولايات المتحدة، وقال الرئيس المصري ان هناك خطة مصرية للتنمية تعمل في خمس جهات لإصلاح مسار الاقتصاد المصري.

وقال الرئيس المصري ان حجم الاستثمارات الاميركية بلغ ١٢٥ مليون دولار وان مصر عازمة على تحسين الخدمات التي تيسر للمستثمرين العمل في مصر لأن هذا التحسن الايجابي في مجال الخدمات سوف يساهم في زيادة حجم الاستثمارات بين مصر واميركا

وسوف يعمل بدوره على خفض عجز الميزان التجاري المصري مع الولايات المتحدة ويعمل ايضا على خفض سعر الدولار المتضخم في مصر. وذكر الرئيس ان حجم التعاملات المصرية مع اميركا يبلغ ٢.٥ مليار دولار، في حين ان صادرات مصر للولايات المتحدة لم تزد عن ٤٣٨ مليون دولار وهذا يعني ان هناك عجزاً واضحاً في الميزان التجاري المصري.

هذا وقد وجهت عدة اسئلة للرئيس بعد انتهائه من القاء الخطاب وحول العلاقات المصرية الاسرائيلية وما إذا كان رئيس الوزراء الاسرائيلي سيزور مصر في القريب، اجاب الرئيس المصري بقوله "انني اصدرت ثلاثة تصريحات في ثلاثة ايام متتالية وعرضت فيها زيارتي لاسرائيل في مقابل ان تؤدي هذه الزيارة الى نتائج ايجابية ولكن لم يأت اي رد ايجابي من طرف الحكومة الاسرائيلية".

وحول اعلان مجلس التعاون العربي وهل وراء اعلان هذا المجلس تهديد لسوريا اجاب الرئيس المصري اننا لم نقم بانشاء محور ضد احد. فسوريا دولة عربية وشعبها شعب شقيق ومجلس التعاون العربي يعمل فقط في المجال الاقتصادي وليس موجهاً ضد أحد خاصة وان هذا المجلس اكثر المجموعات اعتدالا.

وردا على سؤال عن الجهود المبذولة من أجل انقاذ لبنان والدور الاميركي فيها قال الرئيس المصري بأن المشكلة اللبنانية مرتبطة بالمشكلة الفلسطينية لذلك فإنه عندما يتم التوصل الى حل المشكلة الفلسطينية فإن المشكلة اللبنانية سوف تحل تباعا لها ونحن نبذل جهدا لاقناع الاطراف المتواجدة على الاراضي اللبنانية بالانسحاب منها.

من جريدة «الأمة»
بتصرف

V. Post-Text Exercises.

1. Read the Main Text carefully and then select the appropriate answer(s).

١) اجتمع الرئيس المصري خلال زيارته للولايات المتحدة بـ...

ا. وزير(ة) الخارجية

ب. اعضاء الكونجرس ووزير العدل

ج. رجال الاعمال

د. الرئيس الامريكي ومسؤولي الحكومة الآخرين

٢) قام العاهل الاردني بزيارة للولايات المتحدة ...

ا. لبحث قضايا الشرق الاوسط مع الرئيس الامريكي

ب. لحضور اجتماع هام مع اعضاء مجلس الشيوخ

ج. لإلقاء خطاب امام اعضاء غرفة التجارة الامريكية

د. للتوقيع علي اتفاقية جديدة بين الاردن والولايات المتحدة

٣) اكد الرئيس المصري في الخطاب الذي ألقاه في غرفة التجارة الامريكية على...

ا. معاهدة السلام المصرية الاسرائيلية

ب. العلاقات الاقتصادية الجيدة بين مصر والولايات المتحدة

ج. لقائه مع رئيس وكالة التنمية الدولية

د. زيارته الاخيرة للدول الاوروبية

٤) قال الرئيس المصري ان مصر تعمل على ...

ا. خفض عجز الحكومة الوطنية

ب. اصلاح الاقتصاد المصري

ج. زيادة الواردات المصرية

د. الحصول على منحة كبيرة من الحكومة الامريكية

9

٥) تعمل مصر على تحسين الخدمات التي تسهل للمستثمرين العمل في مصر لان ...

ا. هذا سيؤدي إلى خطة تجارية جديدة
ب. هذا سيحسن العلاقات الاقتصادية بين مصر وامريكا
ج. هذا سيساهم في زيادة حجم الاستثمارات بين مصر وامريكا
د. هذا سيزيد سعر الدولار في مصر

٦) ذكر الرئيس المصري ...

ا. دول المغرب
ب. كل دول الخليج
ج. دول مجلس التعاون العربي
د. الدول العربية

٧) قال الرئيس المصري ان هناك علاقة بين ...

ا. المشكلة اللبنانية والمشكلة الفلسطينية
ب. المشكلة الفلسطينية والمشكلة الاقتصادية
ج. المشكلة الاقتصادية والمشكلة السياسية
د. المشكلة اللبنانية والمشكلة التجارية

2. Choose clauses from column 2 to complete the sentences in column 1.

١) الرئيس المصري يزور الولايات المتحدة ...	( )	ا. زيادة الاستثمارات الامريكية
٢) الرئيس المصري يجتمع ...	( )	ب. لمدة خمسة أيام
٣) ألقى الرئيس المصري خطابا ...	( )	ج. يعمل على التعاون الاقتصادي بين العرب
٤) إن تحسين الخدمات يساعد على ...	( )	د. في غرفة التجارة الامريكية
٥) مجلس التعاون العربي ...	( )	ه. بأعضاء مجلس الشيوخ

3. Indicate whether the following statements are true or false according to the Main Text.

١) يجتمع الرئيس المصري بالعاهل الاردني خلال زيارتهما للولايات المتحدة. T F

٢) أُنشِئ مجلس التعاون العربي كتهديد لسوريا. T F

٣) يلقي العاهل الاردني خطابا أمام رابطة السياسة الخارجية. T F

٤) لم تردّ السلطات الاسرائيلية على دعوة الرئيس المصري بزيارة اسرائيل. T F

٥) يرتبط حل المشكلة اللبنانية بحل المشكلة الفلسطينية . T F

٦) زار الرئيس المصري اسرائيل ثلاث مرات متتالية. T F

٧) يساعد خفض العجز في الميزان التجاري المصري على خفض سعر الدولار الامريكي في مصر. T F

٨) تشكّل الصادرات المصرية الجزء الاكبر من حجم التعاملات التجارية بين مصر والولايات المتحدة . T F

٩) سوف يساعد تحسين الخدمات للمستثمرين على زيادة حجم الاستثمارات الامريكية في مصر . T F

١٠) يزور رئيس الوزراء الاسرائيلي مصر قريبا. T F

4. Paragraph 3 does not deal with:

١) العلاقات التجارية بين مصر والولايات المتحدة

٢) الاقتصاد المصري

٣) السلام في الشرق الاوسط

٤) الاستثمارات الامريكية في مصر

5. Complete the following sentences with a suitable word or phrase.

١) اجتمع الرئيس المصري خلال زيارته للولايات المتحدة بـ________________.

٢) ألقى الرئيس المصري خطابين أحدهما في ________ ________ ________

و الآخر في ________ ________ ________.

٣) يساهم تحسين مجال خدمات المستثمرين في مصر في ________________

و________________.

٤) قال الرئيس المصري إنّه على استعداد لـ________________ اسرائيل و لكن الحكومة

الاسرائيلية لم ________________.

٥) إنّ مجلس التعاون العربي يعمل في ________ ________ فقط.

VI. Supplementary Material.

1. Vocabulary.

المفردات.

Words and expressions in the order in which they appear in Supplementary Text #1.

استغرق = استمر = دام

correspondent, representative, delegate   مندوب (ج) ون

إعداد = تحضير

conference   مؤتمر (ج) ات

to hold (a meeting, a conference)   عقد – يعقد (عقد)

معونات = مساعدات

issue   قضية (ج) قضايا

regional   إقليمي

negotiation   مفاوضة (ج) ات

bilateral   ثُنائي

partner   شريك (ج) شركاء

to include   ضمّ – يضُمّ (ضَم)

coordination   تنسيق

heading for   متوجِّهاً إلى / لـ

proceedings   أعمال

Organizations and Official Titles.

المنظّمات والالقاب الرّسميّة.

Troika   التّرويكا

The Palestinian Authority   السّلطة الفلسطينية

The European Union   الاتّحاد الأوروبي

Deputy Chairman, Vice President   نائب رئيس

Secretary General   سكرتير عامّ = أمين عامّ

Undersecretary   وكيل وزارة

Useful Expressions. **عبارات مفيدة.**

it is expected that	مِن المنتظَر أنْ = مِن المتوقَّع أنْ
to conduct/hold talks	أجرى مباحثات
at the level (of)	على مستوى
on the ministerial level	على مستوى الوزراء
both, each of	كلّ من
it has been decided that	مِن المقرَّر أنْ

2. Read the questions below, scan Supplementary Text #1, and write brief answers.

1) In which capacity is the European delegation visiting Egypt?

2) Which topics will be discussed during the talks?

3) Which conferences are mentioned in this article?

3. Supplementary Text #1.

الرئيس المصري يستقبل وفد الترويكا الأوروبية

من المنتظر ان يستقبل الرئيس المصري الوفد الوزاري للترويكا الاوروبية برئاسة وزير الخارجية الاسباني والذي يصل مساء غد الاربعاء الى القاهرة في زيارة تستغرق يوماً في اطار جولة يقوم بها في الشرق الاوسط.

وعلمت مندوبة الاهرام ان المباحثات التي سيجريها الوفد الاوروبي بالقاهرة ستتناول الاعداد لمؤتمر برشلونة الاوروبي-المتوسطي الذي يعقد في نهاية الشهر القادم على مستوى وزراء الخارجية كما تتناول المباحثات تطورات عملية السلام والمعونات الاوربية المقدمة للسلطة الفلسطينية والقضايا الإقليمية ومؤتمر عمان الإقتصادي والمفاوضات الثنائية بين الاتحاد الاوربي وعدد من الشركاء الإقليميين بالمنطقة.

ويضم الوفد نائب رئيس اللجنة الاوروبية وسكرتير عام التنسيق بالمجلس الاوروبي وكل من وكيل وزارة الخارجية الإيطالية والفرنسية ويغادر الوفد القاهرة الخميس متوجها الى بيروت ومن المقرر أن يشارك الوفد في مؤتمر عمان الإقتصادي الذي يبدأ اعماله يوم الاحد القادم.

من جريدة «الأهرام»

بتصرف

15

VII. Supplementary Material.

1. Vocabulary. المفردات.

Words and expressions in the order in which they appear in Supplementary Text #2.

exhibition	معرض (ج) معارض
to end, to conclude	أنهى - ينهي (إنهاء)
to consist of, to include	تكوّن - يتكوّن (تكوُّن) من
	احتوى على = شمل
to tour	تجوّل - يتجوّل (تجوُّل)
to become acquainted with, see	اِطّلع - يطّلع (اطّلاع) على
interesting	مسلٍّ
several	العديد من = عدّة
to accomplish, to carry out	نفّذ - ينفّذ (تنفيذ)
civilization	حضارة
to achieve	حقّق - يحقّق (تحقيق)
to express	أعرب - يعرب (إعراب) عن = عبّر عن
valuable, precious	قيّم
wing	جناح (ج) أجنِحة

Organizations and Official Titles. **المنظمات والالقاب الرسمية .**

The Jeddah Center for Science and Technology	مركز جدّة للعلوم والتكنولوجيا
Cultural Affairs and the Arts	الشّؤون الثّقافيّة والفنون
Public Office for Youth Guidance	مكتب الرّئاسة العامّة لرعاية الشّباب

Useful Expressions. **عبارات مفيدة.**

the crew of a ship	طاقم سفينة
in addition to	بالإضافة إلى

exhibition hall	صالة عرض
throughout the years	على مرّ السنين
	فترة وجيزة = مدّة قصيرة
guest book	سجلّ شرف

2. Read the questions below, scan Supplementary Text #2, and write brief answers.

   1) Who is visiting Jeddah? Why?

   2) What did they see at the Center?

   3) Who accompanied them on their tour?

3. Supplementary Text #2.

وفد "كونكورد" الكندي يزور
معرض جدة للعلوم والتكنولوجيا بجدة

أنهى الوفد العلمي لطاقم السفينة التعليمية "كونكورد" الكندية الزيارة العلمية التي قام بها لمركز جدة للعلوم والتكنولوجيا، ويتكون الوفد من "٣٠" طالباً.

ورافق الوفد في جولته مندوب من الشئون الثقافية والفنون بمكتب الرئاسة العامة لرعاية الشباب بجدة.

وقد تجول الوفد في المركز واطلع على ما يحتويه المركز من معروضات مختلفة تقدم العلوم والتكنولوجيا بطريقة مسلية بالاضافة الى العديد من البرامج العلمية التي ينفذها المركز.

وقد تعرف الوفد على جوانب مختلفة من حياة المجتمع السعودي من خلال صالة عرض تاريخ المملكة وحضارتها على مر السنين والتطور الذي حققته في فترة وجيزة.

وقد أعرب الوفد ضمن سجل شرف زيارات المركز عن سعادته البالغة لما وجدوه من معروضات قيمة في اجنحة ومعارض المركز المختلفة.

من جريدة «الرياض»
بتصرف

17

SECTION ONE : INTERNATIONAL RELATIONS

MEETINGS, TALKS, AND NEGOTIATIONS
اجتماعات ومباحثات ومفاوضات

Lesson 2 **The Egyptian President Meets with the Jordanian Monarch.**

I. Background Information.

It is no wonder that meetings and conferences continue to be a frequent topic in the Arab media given the fact that there are twenty-one countries which have proclaimed Arabic their official language. Such events are held for a variety of purposes: to resolve common problems, to plan for larger summit meetings, to set priorities for joint Arab cooperation, to unify the Arab ranks on certain issues, etc. The news usually focuses on the participating heads of state and the accompanying delegations.

II. Vocabulary. المفردات.

Words and expressions in the order in which they appear in the Main Text.

to call for	دعا – يدعو (دعوة) لـ / الى
to support	أيّد – يؤيّد (تأييد)
immediately after	إثرَ = فَوْرَ = عَقِبَ
to confirm	أكّد – يؤكّد (تأكيد)
conflict, dispute	نزاع (ج) ات
dialogue	حِوار
resumption, resuming	استئناف
	ختام = نهاية
to accompany	رافق – يرافق (مرافقة)
to follow	أعقب – يعقب (إعقاب)

to send	أوفد – يوفد (إيفاد)
envoy	مبعوث (ج) ون
atmosphere	جوّ (ج) أجواء
to deny	نفى – ينفي (نفي)
solid	متين = ثابت
postponed	مؤجَّل
choice	خَيار
to take place suddenly, to befall	طرأ – يطرَأ = حدث

Organizations and Official Titles. — المنظمات والالقاب الرسمية.

monarch	عاهل
Minister of Foreign Affairs	وزير الخارجية
Minister of Communications	وزير المواصلات
Minister of Information	وزير الإعلام
Minister of Labor	وزير القوى العاملة = وزير العمل
Head of the President's Cabinet	رئيس ديوان رئاسة الجمهورية
Director of the President's Office for Political Affairs	
	مدير مكتب الرئيس للشؤون السياسية
Civil Defense	الدفاع المدني
International Court of Justice	محكمة العدل الدولية

Useful Expressions. — عبارات مفيدة.

press conference	مؤتمر صحفي = مؤتمر صحافي
extensive meeting	اجتماع مُوَسَّع
establishing a just and comprehensive peace	إقامة سلام عادل وشامل
while	في حين = بينما
of common interest, of joint concern	ذو (ذات .fem) الاهتمام المشترك

Notes.

1. because it is in the interest of the two countries and the Arab nation
لما فيه مصلحة البلدين والامة العربية

2. extremely : ← Verbal Noun / Noun + بالغ ← = للغاية...

as in: extremely sensitive بالغ الحساسية
extremely important هام للغاية

3. What has been ... ← ـه + Verbal Noun + ما تمَّ ←

as in: what has been accomplished ما تمَّ انجازه
what has been discussed ما تمَّ بحثه

III. Pre-Text Exercises.

1. Using the dictionary, fill in the following table as indicated.

Root	Word	Meaning
	وسيط	
	مزيد	
	راهن	
	معالجة	
	حساسية	
	تطورات	
	تنسيق	
	صياغات	
	مصالحة	
	تطرّق	

2. Select the word which does not belong in each group.

١) ا. ايجابي   ب. سلبي   ج. جيد   د. طيب

٢) ا. مصالحة   ب. سلام   ج. متابعة   د. اتفاق

٣) ا. نهر   ب. مؤتمر   ج. جبل   د. محيط

٤) ا. صعب   ب. رافق   ج. تابع   د. صاحب

٥) ا. تعاون   ب. محافظة   ج. مشاركة   د. تنسيق

3. Choose the correct synonym for the following words.

١) **مصغر**   ا. شامل   ب. محدود   ج. متعدد   د. كلي

٢) **مغلق**   ا. موسع   ب. مذاع   ج. غير مفتوح   د. مفتوح

٣) **معالجة**   ا. مصالحة   ب. حلّ   ج. تطوير   د. تقدم

٤) **موسع**   ا. شامل   ب. محدود   ج. صغير   د. عالمي

٥) **انجاز**   ا. انعقاد   ب. اشتراك   ج. تحقيق   د. تطوير

4. Read the questions below, scan the Main Text, and write brief answer(s).

1) Is the meeting of the Egyptian President and the Jordanian Monarch part of an Arab summit?

2) Which one of them is visiting the other?

3) Where was the meeting held?

4) Who are the non-Arab personalities mentioned in the Main Text?

5) Was this a planned visit?

5. Find the Arabic equivalent for the following adjectival phrases in the Main Text.

1) good relations: _____

2) bilateral relations: _____

3) closed meeting: _____

4) comprehensive peace: _____

5) current problems: _____

6) informed sources: _____

7) unexpected visit: _____

IV. Main Text.

في مؤتمر صحافي بعد محادثات اردنية – مصرية في العقبة
الملك الأردني يدعو لعقد قمة عربية موسعة
الرئيس المصري يؤكد أن المطلوب الآن قمم مصغرة

أكد العاهل الاردني والرئيس المصري أن العلاقات الاردنية – المصرية جيدة وايجابية. وقال الرئيس ان مصر حريصة على تحقيق مصالحة عربية، ورحب الملك بذلك، وأيد فكرة عقد قمم عربية مصغرة.

جاء ذلك في مؤتمر صحافي مشترك عقده الملك الاردني والرئيس المصري في ختام المحادثات التي جرت بينهما في العقبة اثر وصول الرئيس المصري في زيارة مفاجئة.

وبحث الملك الاردني والرئيس المصري خلال اجتماعهما العلاقات الثنائية بين البلدين ونتائج مباحثات الرئيس المصري مع كل من الرئيس السوري ووزير الخارجية السعودي، ووزير خارجية اسرائيل.

ورافق الرئيس المصري في زيارته وفد يضم وزير المواصلات، ووزير الاعلام، ووزير الخارجية، ووزيرالقوى العاملة، ورئيس ديوان رئاسة الجمهورية ومدير مكتب الرئيس للشؤون السياسية.

وعقد العاهل الأردني والرئيس المصري المؤتمر الصحافي بعد اجتماع مغلق بينهما اعقبه اجتماع موسع. واكد الرئيس في المؤتمر حرص مصر على تحقيق المصالحة العربية. وقال انه يوجد لديه امل كبير في ان يتحقق المزيد من التطور الايجابي في العلاقات العربية – العربية في المستقبل.

واكد الملك الاردني رداً على سؤال حول العلاقات الأردنية – المصرية أن هذه العلاقات جيدة وايجابية وهي مبنية على اسس متينة وثابتة لما فيه مصلحة البلدين والامة العربية. وعبر عن

سعادته بالتقدم الايجابي على المسار السوري والاسرائيلي وقال ان الأردن يسعى لاقامة سلام شامل وعادل في المنطقة.

ورحب الملك الاردني بفكرة عقد قمة عربية في المستقبل القريب لبحث القضايا العربية الراهنة، في حين قال الرئيس المصري إن المطلوب الآن هو عقد قمم عربية مصغرة، ثم يجري توسيع هذه القمم حتى تعقد قمة عربية موسعة لمعالجة القضايا العربية ذات الاهتمام المشترك.

وفي القاهرة وصفت مصادر دبلوماسية مصرية مطلعة للشرق الأوسط في القاهرة لقاء العقبة بأنه يأتي في توقيت بالغ الحساسية وهام للغاية، خاصة بعد التطورات التي طرأت أخيراً على المسارات العربية مع اسرائيل.

وأوضحت ان اللقاء تطرق الى تنسيق المواقف العربية خلال جولة وزير خارجية اميركا المقبلة في منطقة الشرق الأوسط لمعرفة ما تم انجازه في زيارته السابقة ووضع صياغات جديدة لما سيتخذ من خطوات على المسارين السوري واللبناني، وكذلك زيارة وزير الخارجية الاسرائيلي للأردن في بداية الشهر المقبل وتحديد أولويات العمل العربي المشترك والعلاقة مع اسرائيل.

وغادر الرئيس المصري العقبة عائدا الى القاهرة امس في ختام زيارته للأردن التي استمرت ساعات.

من جريدة «الشرق الأوسط»
بتصرف

V. **Post-Test Exercises.**

1. Read the Main Text carefully and then select the appropriate answer(s).

١) رافق الرئيس المصري في زيارته للاردن وفد يضم ...

ا. عدداً من الوزراء ومسؤولي الحكومة
ب. وزير المالية ووزير الاقتصاد الوطني
ج. وزير الاعلام والخارجية فقط
د. وزير المواصلات ووزير التعليم

٢) عقد الزعيمان ________ خلال هذه الزيارة.

ا. اجتماعاً واحداً
ب. عدة اجتماعات
ج. مؤتمراً
د. اجتماعين

٣) أجرى الرئيس المصري مباحثات مع ...

ا. جميع الملوك والرؤساء العرب
ب. الملك الأردني
ج. وزيري المواصلات والإعلام
د. الرئيسين اللبناني والسوري

٤) يصف الزعيمان الوضع في منطقة الشرق الأوسط بأنه ...

ا. سلبي
ب. ثابت
ج. ايجابي
د. عادل

٥) قدم الرئيس المصري فكرة ـــــــــــ ورحب بها العاهل الاردني.

ا. اجراء محادثات موسعة مع اسرائيل
ب. عقد مؤتمر يحضره الملوك والرؤساء العرب
ج. عقد قمم عربية مصغرة
د. عقد اجتماع ثان في العقبة

٦) قالت المصادر الدبلوماسية المصرية للجريدة إن ...

ا. الوضع في الشرق الاوسط خطير للغاية
ب. اجتماع العقبة هام جداً
ج. اجتماع العقبة يحقق المصالحة العربية
د. الزعيمين بحثا القضايا السياسية مع اسرائيل

٧) من مواضيع البحث خلال اللقاء

ا. تنسيق المواقف العربية وتحديد اولويات العمل العربي المشترك
ب. العلاقة بين اسرائيل وجنوب افريقيا
ج. زيارة وزير الخارجية السودانية للاردن
د. اتخاذ خطوات على المسار العراقي

2. Indicate whether the following statements are true or false according to the Main Text.

١) اجتمع الملك الاردني بكل من الرئيس السوري ووزير الخارجية السعودي ووزير خارجية اسرائيل. T F

٢) إثر وصول الرئيس المصري، عقد الزعيمان مؤتمراً صحفياً. T F

٣) رحب الملك الاردني بعقد قمة عربية موسعة قبل عقد قمم عربية مصغرة. T F

٤) يصل وزير خارجية اسرائيل إلى عمان في بداية الشهر القادم. T F

٥) قالت مصادر دبلوماسية اردنية إن لقاء العقبة هام للغاية. T F

3. Fill in the blanks with the words given.

ا. عائداً   ب. شامل   ج. حساس   د. سعادته   ه. المواصلات   و. تحقيق

١) عبر الملك عن ـــــــــــــ بالتقدم الايجابي.

٢) ترك الرئيس العقبة ـــــــــــــ إلى بلده.

٣) يضم الوفد وزير ـــــــــــــ ووزير الإعلام.

٤) قال الملك إن الاردن يسعى لاقامة سلام ـــــــــــــ وعادل .

٥) قال الرئيس إن مصر حريصة على ـــــــــــــ مصالحة عربية.

٦) وصفت مصادر دبلوماسية اللقاء بأنه جاء في وقت ـــــــــــــ للغاية.

4. Arrange the following sentences into a logical outline of the Main Text.

١) ( ) في ختام محادثاتهما عقد العاهل الاردني والرئيس المصري مؤتمراً صحفياً

٢) ( ) برفقة وفد من الوزراء

٣) ( ) وصل الرئيس المصري إلى العقبة في زيارة مفاجئة

٤) ( ) ورداً على سؤال قال الملك الاردني ان العلاقات الاردنية المصرية جيدة وإيجابية

٥) ( ) أجرى خلالها محادثات مع العاهل الأردني

٦) ( ) واقترح الرئيس المصري عقد قمم عربية مصغرة

٧) ( ) ايّد العاهل الاردني هذه الفكرة

27

VI. Supplementary Material.

1. Vocabulary. المفردات.

Words and expressions in the order in which they appear in the Supplementary Text.

to seek to	سعى – يسعَى (سعي) لـ = عمل على
disparity X similarity	تباعد X تقارب
counterpart	نظير (ج) نظراء
drafting	وضع
mechanism, policy	آليّة
exchange	مبادلة (ج) ات
implementation	تنفيذ
emergence	ظهور
agreement	اتّفاق (ج) ات
commission, committee	لجنة (ج) لجان
to come within	اندرج – يندرج (اندراج)
a step forward	نقلة
significant	نوعي
brotherly	شقيق (ج) أشقّاء
	تعزيز = تقوية = دعم
process	مسيرة
establishing	إنشاء
follow up	متابعة
consultation (ing)	تشاوُر
to result in	أسفر – يسفر (إسفار) عن
satisfaction	ارتياح
integration	تكامل
sector	قطاع (ج) ات
resource	مورد (ج) موارد
human	بشري

Organizations and Official Titles. **المنظّمات والالقاب الرّسميّة.**

North African Union	الاتّحاد المغاربي
Joint High Commission	اللجنة العُلْيا المشترَكة
Minister of Social Affairs	وزير الشّؤون الاجتماعيّة
Treasurer	أمين صندوق
Libyan National Solidarity Fund	صندوق التّضامن الوطني اللّيبي

Useful Expressions. **عبارات مفيدة.**

to prevent	حال دون = منع
free (trade) zone area	منطقة للتّبادل الحرّ
in several fields	في مجالات عدّة = في عدّة مجالات
to be intended (to)	من شَأْنه
on the other hand	من جهة أخرى = من ناحية أخرى
in response to	تلبيةً لـ
concerning	في شأن = بشأن
to send an invitation	وجّه دعوة
the latter	الأخير

2. Read the questions below, scan the Supplementary Text, and write brief answers.

1. Why will the Algerian Prime Minister visit Tunisia?

2. The article mentions some problems between Algeria and Tunisia. What are they?

3. The Tunisian Prime Minister made two trips. To which countries?

4. What did the joint statement issued in Rabat and Tunisia confirm?

5. What are the results of the meetings of the Joint High Commission?

6. What was the significance of the agreement concluded between the Tunisian President and the Libyan leader?

3. Supplementary Text.

الجزائر تسعى لتسريع التقارب بين دول الاتحاد المغاربي

قالت مصادر مطلعة ان رئيس الوزراء الجزائري سيزور تونس الشهر الجاري تلبية لدعوة من نظيره في خطوة لتحسين العلاقات الثنائية بعد برود استمر اشهراً بسبب تباعد المواقف في شأن وضع آلية لتنظيم المبادلات التجارية بين البلدين.

وكان رئيس الوزراء التونسي قد زار الجزائر في حزيران (يونيو) الماضي ووجه دعوة لنظيره لزيارة تونس إلا ان ظهور خلافات على تنفيذ اتفاق التبادل التجاري حال دون عقد اجتماع اللجنة العليا المشتركة الذي كان مقرراً لشهر تموز (يوليو) الماضي.

ويندرج التقارب التونسي – الجزائري في اطار تحسن عام للعلاقات الثنائية بين البلدان المغاربية بعد الزيارة الأخيرة لرئيس الوزراء التونسي الى الرباط.

واعتبر المغرب وتونس أمس ان اجتماعات الدورة الخامسة للجنة العليا المشتركة التي عقدت اخيراً في الرباط حققت «نقلة نوعية في العلاقات بين البلدين والشعبين الشقيقين».

وأكد بيان مشترك صدر أمس في تونس والرباط ان المغرب وتونس عازمتان على تعزيز التعاون الثنائي بما يدعم المسيرة المغاربية. وأفاد البيان ان تونس والرباط اتفقتا على انشاء لجنتين وزاريتين لمتابعة التنسيق والتشاور.

وكانت اجتماعات اللجنة العليا المشتركة التي استمرت ثلاثة أيام قد اسفرت عن الاتفاق على انشاء منطقة للتبادل الحر بين البلدين في اطار ستة اتفاقات لتنشيط التعاون الثنائي في مجالات عدة.

واستقبل الرئيس التونسي رئيس الوزراء بعد عودته من المغرب وعبر له عن ارتياحه لنتائج اجتماعات اللجنة العليا المشتركة التي من شأنها تعزيز علاقات التعاون والتكامل بين البلدين في المجالات الاجتماعية والاقتصادية والثقافية والتجارية.

تونس – ليبيا

من جهة اخرى انهت اللجنة التونسية – الليبية للتعاون في قطاع الموارد البشرية والشؤون الاجتماعية أمس اجتماعاتها في تونس برئاسة وزير الشؤون الاجتماعية وأمين صندوق التضامن الوطني الليبي. وتندرج الاجتماعات في اطار تنفيذ الاتفاق الذي توصل له الرئيس التونسي والزعيم الليبي أثناء زيارة الأخير لتونس الشهر الماضي في شأن تنشيط التعاون في جميع المجالات، خصوصاً في المجال الاجتماعي.

من جريدة « الحياة »
بتصرف

SECTION TWO :   ECONOMIC AFFAIRS

FINANCE
شؤون مالية

Lesson 3   **The Debt Problem Concerns Both Rich and Poor Countries.**

I. Background Information.

Indebtedness is a problem which affects both poor and wealthy countries. As indebtedness has increased rapidly in recent years in developing countries, many of them have had to refinance their debts, and their ability to import industrial goods from the developed countries has declined. This has had a negative effect on the volume of production and the profit of certain industries in the developed countries.

II. Vocabulary.   المفردات.

Words and expressions in the order in which they appear in the Main Text.

debt	دَيْن (ج) ديون
to disturb, to alarm	أقلَق – يُقلِق (إقلاق) = أزعج
poor X rich	فقير X غني
	مطلع = بداية
to stumble	تعثّر – يتعثّر (تعثُّر)
interest (fin.)	فائدة (ج) فوائد
indebtedness	مديونيّة
to complain	شكا – يشكو (شكوى)
to cease, stop	توقّف – يتوقّف (توقّف) عن
importing X exporting	استيراد X تصدير
equipment	آلات = معدّات

total	إجمـالي
production (ing)	إنتـاج
to be in vain, to waste	أهدر – يهدر (إهدار)
revenue	عائِد (ج) عوائِد
financing	تمويـل
provision, condition	شـرط (ج) شـروط
to harm	أضرّ – يضرّ (إضرار) بـ
stability	استقرار
to be connected, linked, associated with	إقترن – يقترن (إقتران) بـ
exemption	إعفاء
serious	جادّ
to face	واجه – يواجِه (مـواجهة)
speeding up, accelerating	الإسـراع بـ
	مجـال = حقل = مَيْدان

Organizations and Official Titles.   المنظمـات والالقاب الرسـمية.

The Summit Conference	مؤتمر القمّة

مؤتمر بـاريـس لـرؤسـاء الدّول الصّنـاعيّة السّبـع الكبـرى
The Paris Conference for the Presidents of the seven major
industrial countries (G-7)

The Far East X The Near East   الشّرق الأقصى X الشّرق الأدنى

Useful Expressions.   عبارات مفيدة.

on the occasion of	بمناسبة = في مناسبة
over	على مدى +time period
what exceeds	ما يزيد على (عن)
at the rate of	بمعدّل

34

to fluctuate, vary between	يتراوح بين... و ...
the matter that	الأمر الذي
to call upon, appeal	وجّه – يوجّه نداءً إلى
at most X at least	على الأكثر X على الأقل
considering	باعتبار أن
agenda	جدول أعمال
to be on the way towards	أخذت طريقها إلى
national day	عيد قَوْمي
(good) opportunity	فرصة (مواتية = سانحة = مناسِبة)
transfer of technology	نقل التكنولوجيا
the third world	العالم الثّالث
rich countries X poor countries	الدّول الغنية X الدّول الفقيرة
developing countries	الدّول النّامية
industrial countries	الدّول الصّناعية

Notes.

1. Because of...: ← Verbal Noun/Noun + بسبب ←

   as in: because of the increase in debts   بسبب تزايد الديون

   تحسّن الإقتصاد بسبب السياسة الجديدة.

   The economy improved because of the new policy.

2. Redundancy.

   as in: مشكلة الديون أصبحت تقلق وتزعج الدول ...

   The debt problem has begun to disturb the countries...

   Here,   أزعج = أقلق

3. Without...: ← Noun/Verbal Noun + دون/بدون ←

as in: without change دون تغيُّر
without need دون احتياج
without the sun دون الشمس

4. Too, Also, used for emphasis هي الأخرى

Gender and number vary according to the noun to which they refer.

as in: الدول الغنية بدأت تشكو هي الأخرى
The rich countries, too, began to complain
The (male) students too الطلاب هم الآخرون
The (female) students too الطالبات هن الأخريات

5. Common way of forming adverbial phrases: ← adjective + noun + بـ ←

as in: more precisely بوصف أدق
clearly بشكل واضح
greatly بمعدل كبير

6. All... كافّة = كلّ = جميع

as in: All peoples
كل الشعوب = جميع الشعوب = كافة الشعوب = الشعوب كافة

III. Pre- Text Exercises.

1. Find the English equivalents on the left for the Arabic expressions on the right.

a. statements	( )	١) أكّد على	
b. to point out	( )	٢) تنمية	
c. realization	( )	٣) تصريحات	
d. main	( )	٤) خطوات	
e. reducing	( )	٥) أشار إلى	
f. development	( )	٦) احتياجات	
g. steps	( )	٧) تحقيق	
h. part	( )	٨) خفض	
i. to confirm	( )	٩) جزء	
j. needs	( )	١٠) أساسي	

2. Match the following words with their correct synonyms.

ا. ميادين	( )	١) كافة	
ب. خطير	( )	٢) مطلع	
ج. كلّ	( )	٣) فترة	
د. مناسبة	( )	٤) خلال	
ه. أثناء	( )	٥) اجمالي	
و. مدّة	( )	٦) الاسراع بـ	
ز. بداية	( )	٧) جادّ	
ح. حيث أنّ	( )	٨) مجالات	
ط. التعجيل بـ	( )	٩) مؤاتية	
ي. مجموع	( )	١٠) باعتبار أنّ	

3. Using the dictionary, fill in the following table as indicated.

Root	Form	Verb	Meaning	Verbal Noun
				تحرّك
				تنمية
				تزايُد
				استيراد
				إنتاج
				توقّف
				استمرار
				تحقيق
				استقرار
				احتفال

4. Indicate the correct paraphrasing for the following words.

١) تحركات

ا. الاقامة في أماكن متعددة

ب. السفر والإستقرار في مكان ما

ج. الإنتقال من مكان إلى مكان

د. الرحيل إلى مكان ما

٢) ديون

ا. مال في البنك

ب. مال من بنك أو شخص

ج. رؤوس أموال

د. دخل الفرد

٣) تمويل

ا. نسبة محددة من المال يحصل عليها شخص من مشروع

ب. نسبة محددة من المال دفعها شخص لبنك

ج. نسبة محددة من المال تحفظ في البنك

د. نسبة محددة من المال لإقامة مشروع

٤) استيراد

ا. البيع في الخارج

ب. التجارة في الخارج

ج. الشراء من الخارج

د. البيع والشراء في الخارج

٥) تنمية

ا. رفع المستوى عن طريق تحسين اقتصاد البلاد

ب. رفع المستوى عن طريق زيادة دخل الافراد

ج. رفع المستوى عن طريق زيادة الاستيراد

د. رفع المستوى عن طريق زيادة الفوائد

5. Read the questions below, scan the Main Text, and write brief answers.

1) How many trips of the Egyptian President are mentioned in the Main Text?

2) On what occasion was the statement made?

3) Which countries are mentioned in the Main Text?

4) Which two groups of countries does the Egyptian President mention?

5) Which two conferences are mentioned in the Main Text?

IV. Main Text.

مشكلة الديون تقلق الدول الفقيرة والغنية

القاهرة- ق ن ا - اكد الرئيس المصري أن كافة تحركاته تركّز على حل مشكلة الديون والاسراع بالتنمية وقال إن مشكلة الديون أصبحت تقلق وتزعج دول العالم جميعها الغنية والفقيرة.

وأضاف الرئيس في تصريحات لصحيفة الأهرام بمناسبة مطلع العام الجديد أن العالم الثالث او الدول الفقيرة بوصف ادق تعثرت خطوات التنمية فيها بشكل واضح على مدى السنوات الثلاث الماضية بسبب تزايد الديون وما تتطلبه خدمتها من فوائد ... وأوضح أن ديون الدول النامية ارتفعت في هذه الفترة من تسعمائة مليار دولار إلى ما يزيد على ألف ومائة مليار دولار أي أن الزيادة في مديونية هذه الدول ترتفع بمعدل يتراوح بين ثمانين ومائة مليار دولار سنويا.

وأشار الرئيس المصري إلى أن الدول الغنية ايضاً بدأت تشكو هي الأخرى بسبب توقف الدول الفقيرة عن استيراد الآلات والمعدات التي تمثل نسبة ٤٠ في المائة من اجمالي انتاج المصانع في الدول الغنية وهو الأمر الذي يهدر استمرار هذه الصناعات وتحقيق العوائد الاقتصادية منها.

ووجّه الرئيس المصري نداء الى الدول الغنية للاستمرار في تمويل الدول الفقيرة دون ان تتمسك بشروط تضر باستقرارها الاجتماعي على ان يقترن استمرار التمويل بضرورة خفض فوائد الديون واعفاء الدول النامية من جزء منها على الأقل.

وقال الرئيس المصري في تصريحاته للأهرام إنه سوف يحضر مؤتمر القمة الافريقي باعتبار أن مشكلة الديون سوف تكون الموضوع الأساسي في جدول اعمال المؤتمر بعدما اخذت المشكلات السياسية الجادة التي تواجه الدول الأفريقية طريقها الى الحل.

واضاف انه سيقوم كذلك خلال الاشهر القليلة القادمة بزيارة بعض دول الشرق الأقصى بدءا باليابان والصين والهند وبعض الدول الأخرى لبحث قضية الإسراع بالتنمية ونقل التكنولوجيا من هذه الدول إلى مصر خاصة في مجالات الزراعة والانتاج الغذائي.

وأوضح الرئيس انه سيزور فرنسا في ١٤ يوليو القادم في مناسبة احتفالها بعيدها القومي وهو نفس التوقيت الذي يعقد فيه مؤتمر باريس لرؤساء الدول الصناعية السبع الكبرى وسوف تكون الفرصة مواتية ليبحث معهم مشكلة الديون في الدول النامية واحتياجاتها لنقل التكنولوجيا من هذه الدول الصناعية الكبرى.

من جريدة «المدينة»
بتصرف

V. Post-Text Exercises.

1. Read the Main Text carefully and then select the appropriate answer(s).

١) ينعقد مؤتمر القمة الافريقي لمناقشة...

ا. حلول المشكلات السياسية في افريقيا
ب. توقف الدول الصناعية عن استيراد المعدات
ج. مشكلة ارتفاع الديون في القارة
د. قرارات مؤتمر باريس لرؤساء الدول السبع

٢) الهدف الأساسي لزيارة الرئيس المصري لفرنسا هو...

ا. حضور مؤتمر باريس
ب. مقابلة رؤساء الدول الصناعية
ج. نقل التكنولوجيا من الدول الصناعية
د. حضور احتفالات فرنسا بعيدها الوطني

٣) في حديث صحفي لجريدة «الاهرام»، قال الرئيس المصري...

ا. إن هناك أزمة كبيرة في قضية التنمية في الدول الفقيرة
ب. إن معدل التنمية ازداد من ثمانية إلى مائة مليار دولار سنويا
ج. إن الدول الفقيرة استوردت ٤٠ في المائة من انتاج الدول الغنية
د. إن فوائد الديون هي السبب الاساسي في مشكلة التنمية

٤) يتمثل حل مشكلة الديون في...

ا. إعفاء الدول النامية من هذه الديون
ب. إعفاء الدول النامية من فوائد هذه الديون
ج. إعفاء الدول النامية من جزء من الفوائد وجزء من الديون
د. إعفاء الدول النامية من جزء من الديون وكل الفوائد

41

٥) مشكلة الديون تقلق الدول الغنية لانها...

ا. تؤثر على التنمية فيها

ب. تؤثر على الدخل فيها

ج. تؤثر على نسبة الفوائد

د. تؤثر على انتاج المصانع

٦) في خطابه طلب الرئيس المصري من الدول الغنية...

ا. أن تعفي الدول النامية من فوائد الديون

ب. أن تستمر في تمويل الدول الفقيرة

ج. أن تتمسك بشروط في تمويلها

د. أن تحقق استقرارها الاجتماعي

٧) خلال زيارته لدول الشرق الاقصى، يبحث الرئيس المصري...

ا. مشكلة الديون في الدول النامية

ب. نقل التكنولوجيا من الدول الصناعية السبع إلى الشرق الاقصى

ج. تطور الانتاج الزراعي والغذائي في مصر

د. الإسراع بالتنمية في هذه الدول

2. Fill in the blanks with an appropriate word.

١) تشكو الدول الفقيرة من _____ المرتفعة للديون بينما تشكو الدول الغنية من انخفاض _____ الاقتصادية لتصدير الآلات والمعدات.

٢) يطالب الرئيس المصري الدول الغنية بـ _____ الدول النامية من جزء من فوائد الديون.

٣) مشكلة الديون _____ و_____ كل دول العالم

٤) يتم خلال مؤتمر باريس مناقشة _____ الدول النامية لنقل التكنولوجيا من الدول الصناعية.

٥) تقلق الدول الافريقية من ———— ———— ———— اكثر من ————
————

3. Indicate whether the following statements are true or false according to the Main Text.

١) خطاب الرئيس المصري كان عن مشكلة الديون وتأثيرها على الدول الفقيرة والغنية.   T   F

٢) أدى تزايد ديون الدول الفقيرة إلى الإسراع بخطوات التنمية فيها.   T   F

٣) انخفضت ديون الدول النامية من الف ومائة مليار دولار إلى تسعمائة مليار دولار.   T   F

٤) تبلغ فوائد ديون الدول الفقيرة ثمانين مليار دولار.   T   F

٥) توقفت الدول الفقيرة عن استيراد الآلات والمعدات من الدول الغربية لأن انتاج هذه الصناعات قلّ بنسبة ٤٠٪.   T   F

٦) قال الرئيس إن الشروط التي تضعها الدول الغنية على قروضها للدول الفقيرة سبب عدم الاستقرار في هذه الدول.   T   F

٧) تحتل المشاكل السياسية المكانة الاولى على جدول أعمال مؤتمر القمة الافريقية.   T   F

٨) أعلن الرئيس المصري أن حل مشكلة الديون في الدول الأفريقية سوف يكون الطريق لحل المشاكل السياسية هناك.   T   F

٩) يبحث الرئيس المصري خلال زيارته لدول الشرق الأقصى كيفية نقل تكنولوجيا الزراعة والانتاج الغذائي من هذه الدول لمصر.   T   F

١٠) يزور الرئيس المصري فرنسا لحضور مؤتمر باريس لرؤساء الدول الصناعية الكبرى.   T   F

4. Match the following ideas with the proper paragraph of the Main Text.

( )   ١) طالب الرئيس المصري الدول الصناعية بإسقاط بعض الديون وخفض الفوائد عليها.

( )   ٢) ترجع مشكلات التنمية في الدول الفقيرة إلى الديون الكثيرة والفوائد التي تدفع عليها.

( )   ٣) تشكل الديون عائقاً لكل الدول الفقيرة والغنية.

( )   ٤) من أهم الموضوعات التي يناقشها مؤتمر القمة الافريقي موضوع الديون.

( )   ٥) تعاني الدول الغنية من قلة تصدير صناعاتها.

( )   ٦) تقدم بعض الدول المساعدات لمصر في المجالين الزراعي والغذائي.

( )   ٧) يقوم الرئيس بجولة محاولاً ايجاد حل لمشكلة التنمية في الدول الفقيرة.

( )   ٨) تحتاج الدول النامية إلى نقل التكنولوجيا من الدول الصناعية.

( )   ٩) تعقد الدول الصناعية السبع اجتماعاتها في نفس وقت احتفال فرنسا بالعيد القومي.

( )   ١٠) ارتفعت ديون الدول النامية بنسبة كبيرة بسبب الفوائد.

VI. Supplementary Material.

1. Vocabulary.

المفردات.

Words and expressions in the order in which they appear in Supplementary Text #1.

loan	قرض (ج) قروض
easy, soft	ميسَّر
electricity	كهرباء
meeting, fulfilling	تلبية
granting	منح
	فيما = بينما
contribution	مساهمة (ج) ات
project	مشروع (ج) ات / مشاريع
to suffer from	عانى – يعاني (معاناة) من
lack	نقص
to be subject to	تعرّض – يتعرّض (تعرّض) لـ
destruction, destroying	تدمير = إتلاف
fluctuation	تَذَبْذُب (ج) ات
lighting	إنارة
factory, plant	معمل (ج) معامل

Organizations and Official Titles.

المنظّمات والالقاب الرّسميّة.

power station	محطّة توليد كهرباء
station to strengthen TV transmission	محطّة لتقوية البثّ التليفزيوني
Minister of Planning	وزير التّخطيط

Useful Expressions.	عبارات مفيدة.
easy, soft loan	قرض ميسّر
according to	بموجب
on behalf of, for	نيابة عن

2. Read the questions below, scan Supplementary Text #1, and write brief answers.

1) Who is visiting Syria? Why?

2) What are the problems from which Syria is suffering?

3) Who signed the treaty for both sides?

4) What are the different projects that this agreement includes?

3. Supplementary Text #1.

اليابان تقدم قرضا ميسراً بقيمة ٤٦٢ مليون دولار لسورية

وقّعت سورية واليابان أمس في دمشق على اتفاقية تقوم بموجبها الحكومة اليابانية بتقديم قرض ميسر بقيمة ٤٦٢ مليون دولار لإنشاء محطة لتوليد الكهرباء في سورية. وأعلن مصدر رسمي سوري بأن انشاء المحطة التي تقع على بعد ٢٠ كيلومترا شمال مدينة حمص وسط سورية تبلغ طاقتها ٦٠٠ ميغاواط وتعمل المحطة على تلبية الطلب المتزايد على الطاقة الكهربائية في البلاد.

وقد اتفق على منح هذا القرض خلال مباحثات رئيس وزراء اليابان مع الرئيس السوري خلال زيارته لدمشق خلال سبتمبر (ايلول) الماضي.

ووقع الاتفاقية نيابة عن الحكومة السورية وزير التخطيط، فيما وقعها عن الحكومة اليابانية سفيرها لدى سورية.

وتبلغ قيمة القروض والمنح التي قدمتها اليابان لسورية منذ عام ١٩٩١ وحتى الآن ١,٩٢ مليون دولار كمساهمات في تمويل مشاريع كهربائية وصناعية وزيادة الانتاج الزراعي والغذائي وانشاء محطات لتقوية البث التلفزيوني كان آخرها محطة الحسكة شرق سورية حيث تم تشغيلها الشهر الحالي.

ويذكر أن سورية لا تزال تعاني من نقص في الطاقة الكهربائية وما زالت معظم المناطق السورية تتعرض لانقطاعات عديدة مع ضعف في التيار الكهربائي الذي أدى إلى تدمير وإتلاف عدد كبير من الأجهزة الكهربائية، كما تشهد دمشق منذ أيام تذبذبا كبيرا في التيار الكهربائي أدى إلى ضعف الإنارة في معظم المنازل والمعامل.

من جريدة «الشرق الأوسط»

بتصرف

47

VII. Supplementary Material.

1. Vocabulary.

المفردات.

Words and expressions in the order in which they appear in Supplementary Text #2.

hungry	جائع (ج) جَوْعى
flourishing	انتعاش
balance	توازن
cursed, doomed	منكوب
amalgamation	اندماج
result, fruit	ثَمْرة (ج) ثِمار
	قاصر = عاجز
exposed to	معرَّض (ج) ون لـ
effect	أثَر (ج) آثار
	هائل = كبير = عظيم
to assume, to play	اضطلع – يضطلع (اضطلاع) بـ

Organizations and Official Titles.

المنظّمات والالقاب الرّسميّة.

منظّمة الأمم المتّحدة للأغذية والزّراعة (الفاو)

UN Food and Agricultural Organization (FAO)

المجلس السّابق للتّعاون الاقتصاديّ المتبادَل

The former Council for Mutual Economic Cooperation

Useful Expressions. **عبارات مفيدة.**

He did not do anything worth mentioning	لم يفعل شيئاً يُذكَر
the farthest possible	أبعد ما يكون (عن)
in the short term	على المدى القصير / القريب
in the medium term	على المدى المتوسط
in the long term	على المدى البعيد / الطويل
most probably	على الأرجح
the most prominent events	أبرز الاحداث

2. Read the questions below, scan Supplementary Text #2, and write brief answers.

1) What is the main subject of the FAO report?

2) What does it say about African countries?

3) Why does the FAO report criticize the Uruguay Talks?

4) What are the two major world trade events according to the FAO report?

3. Supplementary Text #2.

الفاو: ملايين الجوعى بالعالم رغم الإنتعاش الإقتصادي

رومـا – رويتر – : ذكرت منظمـة الأمم المتحدة للأغذية والزراعة (الفاو) أمس أن الانتعاش الاقتصادي العالمي لم يفعل شيئاً يذكر لتحسين أحوال ملايين الجوعى في العالم وفي تقريرها السنوي حذرت الفاو من أن مكاسب نمو التجارة أبعد ما تكون عن التوازن وأن الأسواق العالمية «منكوبة» بأشكال قديمة وحديثة من التدخل والحماية التجارية.

وذكر المدير العام للفاو في التقرير أن هناك انتعاشاً اقتصادياً عالمياً ولكن ملايين الأفراد وخاصة في الدول الافريقية الأقل اندماجا في الاقتصاد العالمي لم يروا بعد ثمار هذا الانتعاش وقال إن الزراعة استفادت من تحسن المناخ الاقتصادي في دول كثيرة ولكن مستويات اداء الانتاج ظلت قاصرة في كثير من دول العالم النامي وأن بعض الدول ومنها ١٥ دولة في أفريقيا وحدها تواجه أزمات غذائية حادة.

وذكر في مقدمة تقرير الفاو الذي يحمل عنوان "حالة الغذاء والزراعة" أنه في حين ينبغي ان نرحب بالتطور المهم في اصلاح الاقتصاد الكلي وسياسات القطاعات المختلفة فان الفقراء بشكل خاص معرضون للضرر على المدى القصير والمتوسط بين التغييرات المتوقع أن تفيدهم على المدى البعيد.

وذكر التقرير في فصل خاص يركز على التجارة ومشاكل الاسواق العالمية ان اتفاقية جولة محادثات أوروجواي حدث بالغ الأهمية للتجارة الزراعية ولكن قد يكون له تأثير محدود على الأسواق العالمية وأن تأثير جولة أوروجواي قد يكون صغيراً على المدى القصير وستكون له على الأرجح آثار غير متساوية في دول العالم وأسواق محددة.

وتناول التقرير أيضاً تأثير التغييرات التي شهدتها أوروبا الشرقية والمجلس السابق للتعاون الاقتصادي المتبادل على الأسواق العالمية.

وذكر من أبرز الأحداث التي تشكل التجارة العالمية دخول أكثر من ٣٤٠ مليون مستهلك وقدر هائل من الموارد الزراعية إلى نظام التجارة العالمي الذي يعتمد على السوق كما توقع التقرير أن تضطلع الصين بدور تجاري نشيط في الأسواق الزراعية العالمية.

من جريدة «الأهرام»

بتصرف

SECTION TWO: ECONOMIC AFFAIRS

TRADE
تجارة

Lesson 4 **The Egyptian-Yemeni Higher Commission Discuss in Sanaa Stimulation of Relations between the Two Countries.**

I. Background Information.

It is significant that only fifteen per cent of the trade in the Arab world is conducted with other Arab countries. The Arab countries deal primarily with Europe, Asia, and the United States; they import mostly industrial products, and they export mostly primary commodities, such as oil and gas and their derivatives. Since there is no joint industrialization policy among the Arab countries, they have tended to produce the same or similar products, resulting in competition among them. Recent developments include: the creation of a regional organization in North-Africa—the Union du Maghreb Arabe (UMA)—efforts to establish a Free Trade Zone to advance Arab economic integration, and the creation of an Arab Common Market to coordinate Arab positions and policies toward the World Trade Organization to increase the investment of Arab capital in the Arab world, to achieve conformity in trade legislation, to accelerate economic reform, and to help create a climate of security and stability for financial investments. There has also been some talk about establishing a Middle East Common Market, membership in which would also include the neighboring non-Arab countries.

II. Vocabulary. المفردات.

Words and expressions in the order in which they appear in the Main Text.

various	شتّى = مختلَف = سائر
pointing to	مشيراً إلى
block	تكتّل (ج) ات
individually	فُرادي = بمفردها = واحدةً واحدة
shadow, shade	ظِل (ج) ظِلال
to expect	توقّع - يتوقّع (توقُّع)
barrier	حاجز (ج) حواجز
the most developed/advanced	أرقى

to be eager to, to make sure	حرص - يحرِص (حِرص) على
possibility	إمكان (ج) ات = إمكانية (ج) ات
achievement	إنجاز (ج) ات
to be discussed	طُرِقَ - يُطْرَقُ
making effective	تفعيل
security, secure	أمني
criminal	مُجرِم (ج) ون
fugitive	هارب (ج) ون
expert	خبير (ج) خبراء
specialist	مُختَصّ (ج) ون
legislation	تشريع (ج) ات
statistical	إحصائي
available	متوافر = متوفِّر
creating	خلق = إيجاد
link	صلة (ج) ات
convening, holding	إنعِقاد
to gain, acquire	إكتسب - يكتسب (إكتساب)
most distinctive	أبرز
dropping	إسقاط
depth	عُمق
distinguished, distinctive	مميَّز
to surround	أحاط - يحيط (إحاطة) بـ
to be doubled	تضاعف - يتضاعف (تضاعُف)
getting rid of, eliminating	القضاء على = التخلّص من
competition, competing	تنافُس
tanker	حاوية (ج) ات = ناقلة (ج) ات

Organizations and Official Titles.　　　　　المنظّمات والألقاب الرّسميّة.

اللّجنة العُلْيا المصريّة-اليمنيّة

Egyptian-Yemeni Higher Commission

memorandum of understanding　　　　مذكّرة تفاهم

Paris Club　　　　نادي باريس

Useful Expressions.　　　　　عبارات مفيدة.

in effect, as it is	(كما هو) معمول به
businessman	رجل أعمال (ج) رجال أعمال
giving the opportunity to	إتاحة الفرصة لـ
joint working team	فريق عمل مشترَك
executive formula	صيغة تنفيذية
executive authority	جهاز تنفيذي
implementing it	وضعها حيز التنفيذ
shipping line	خطّ ملاحي
information network	شَبَكة معلومات
opening session	جلسة افتتاحية
precisely	على وجه التحديد
wheel of development	عجلة التنمية
to raise the standard of living	رفع مستوى المعيشة
as it was before	كما كان قائماً من قبل
three times	ثلاثة أمثال
double taxation	ازدواج ضريبي
without hard feelings	دون حساسيّات
realizing the greatest profit possible	تحقيق أكبر فائدة ممكنة

Notes.

1. Not yet ← بعد + verb + لم ←

as in: هناك امكانيات لم تُطْرَق بعد.

There are possibilities that have not been dealt with yet.

I have not read the paper yet. لم أقرأ الجريدة بعد.

He has not arrived yet. لم يصل بعد.

III. Pre-Text Exercises.

1. Using the dictionary, fill in the following table as indicated.

Root	Form	Verbal Noun	Meaning	Verb
		تنشيط		
		توسيع		
		تكامل		
		تعاون		
		اصطحاب		
		استثمار		
		اتّفاق		
		ازدواج		
		تدعيم		
		تعميق		

2. Select the word which does not belong in each group.

١)	ا. توسيع	ب. زيادة	ج. تدعيم	د. ازالة
٢)	ا. تكامل	ب. تنسيق	ج. تنفيذ	د. تعاون
٣)	ا. مشروعات	ب. معلومات	ج. اتفاقيات	د. استثمارات
٤)	ا. مشترك	ب. فردي	ج. شقيق	د. ثنائي
٥)	ا. انعقاد	ب. بروتوكول	ج.اتفاق	د. مذكرة تفاهم
٦)	ا. لجنة	ب. مجلس	ج. حاجز	د. فريق
٧)	ا. منطقة	ب. موانئ	ج. حاويات	د. نقل بحري
٨)	ا. خط ملاحي	ب. نقل بحري	ج.موانئ	د. حواجز
٩)	ا. رجال اعمال	ب. مختصون	ج.خبراء	د. متخصصون
١٠)	ا. برامج	ب. دراسات	ج. علاقات	د. تشريعات

3. Circle the best equivalent for the following expressions.

١) دائرة العلاقات

ا. دعم العلاقات
ب. نوع العلاقات
ج. حجم العلاقات
د. مجال العلاقات

٢) حجم التبادل التجاري

ا. كمية الصادرات
ب. كمية الواردات
ج. كمية الصادرات والواردات
د. كمية النشاط الاستثماري

٣) التكتلات الدولية

ا. المنظمات الدولية
ب. مجموعات من الدول المتحالفة
ج. مجموعات من الأفراد من دول مختلفة
د. مجموعات من اللجان الدولية

٤) مسيرة الاصلاح الاقتصادي

ا. السياسة الاقتصادية المتبعة
ب. خطوات تحسين الاقتصاد
ج. دعم الاقتصاد بين البلاد
د. تغيير المناخ الاقتصادي

4. Choose the correct antonym on the left for the words and expressions on the right.

١) توسيع	( )	ا. منع
٢) زيادة	( )	ب. هدم
٣) اقامة	( )	ج. تخلّف
٤) سمح	( )	د. أهمل
٥) ازالة	( )	ه. جماعي
٦) تطوّر	( )	و. تضييق
٧) حرص على	( )	ز. ختامية
٨) عليا	( )	ح. نقص
٩) فردي	( )	ط. سفلى
١٠) افتتاحية	( )	ي. بناء

5. Read the questions below, scan the Main Text, and write brief answers.

1) What are the main concerns of the Yemeni-Egyptian High Commission?

2) Who are the heads of both delegations?

3) Who does the Egyptian President have to accompany him on his trips abroad?

4) How many times did the Commission meet previously?

5) What is the significance of the year 1962?

IV. Main Text.

اللجنة العليا المصرية – اليمنية تبحث في صنعاء تنشيط العلاقات بين البلدين

بدأت أمس بالعاصمة اليمنية صنعاء اجتماعات اللجنة العليا المصرية – اليمنية المشتركة ويرأس رئيس الوزراء المصري وفد مصر بينما يرأس الجانب اليمني رئيس الوزراء اليمني.

وقال رئيس وفد مصر ان اجتماعات اللجنة العليا المشتركة بين البلدين تهدف إلى توسيع دائرة العلاقات المصرية – اليمنية وزيادة حجم التبادل التجاري واقامة المشروعات المشتركة بين الجانبين.

وأكد رئيس الوزراء أن مصر تسعى مع كثير من الدول العربية لدعم وتوسيع حجم التجارة وزيادة المشروعات بين مصر وتلك الدول مشيرا إلى أن التكتلات العالمية لن تسمح للدول العربية أن تعمل فرادى في ظل هذا المناخ الدولي الذي يحتاج إلى التكامل والتعاون بين الدول العربية.

وقال انه يتوقع أن تؤدي اجتماعات اللجنة إلى تدعيم العلاقات الاقتصادية وازالة الحواجز في المجالات التجارية والاستثمارية وهو ماتسعى إليه مصر في الوقت الحاضر في علاقاتها بجميع الدول العربية، مؤكدا ان مصر عليها ان تحقق ذلك مع اليمن كما حققته من قبل مع الدول الشقيقة. ووصف العلاقات الثنائية المصرية اليمنية بأنها تتطور إلى مستويات أفضل.

وأشار إلى أن الحكومة المصرية تعمل على تدعيم دور القطاع الخاص في خطة التنمية كما هو معمول به في أرقى دول العالم ودعا إلى تعاون رجال الاعمال في البلدين بما يعزز العلاقات الاقتصادية والاستثمارية المشتركة.

وقال ان الرئيس المصري يحرص في رحلاته الخارجية على اصطحاب رجال الاعمال لاتاحة الفرصة لهم للدخول في مشروعات مع مختلف الدول ويهمنا أن يكون هناك مجلس اعمال مشترك مع اليمن.

ومن جانبه أعرب رئيس الوزراء اليمني عن سعادته مؤكدا أن هناك امكانات واسعة في التعاون المشترك بين مصر واليمن في مختلف المجالات خاصة الصناعية والاستثمارية والتجارية وقال ان هناك جهودا بذلت خلال الدورات الثلاث السابقة للجنة العليا بين البلدين حيث تحققت بعض الانجازات ولكن هناك امكانيات لم تطرق بعد بين الجانبين مشيرا في الوقت نفسه إلى أن هناك عددا كبيرا من الاتفاقيات والبروتوكولات سيتم بحثها خلال اجتماعات اللجنة العليا بين البلدين وأكد أن اليمن يسعى إلى تفعيل التعاون في جميع المجالات التجارية والاقتصادية والسياسية و الثقافية والعلمية مع مصر.

وتتضمن أعمال اللجنة التوقيع على ٢١ مشروع اتفاقية وبروتوكولا وبرامج تنفيذية ومذكرات تفاهم تشمل التعاون في مجالات الاستثمار والتجارة بما فيها اتفاقية أمنية للتعاون بين البلدين في مختلف المجالات الأمنية وفي مقدمتها تسليم المجرمين الهاربين كما تبحث اللجنة ما انتهى اليه فريق العمل المشترك من الحكومتين من الخبراء والمختصين لاعداد الصيغة التنفيذية لانشاء منطقة للتبادل التجاري الحر بين البلدين وتجديد الآليات اللازمة لنجاحها للتوقيع عليها ووضعها حيز التنفيذ ويأتي موضوع انشاء خط ملاحي منتظم بين البلدين في مقدمة الموضوعات التي ستتناولها اللجنة وكذلك انشاء شبكة المعلومات لتبادل الدراسات والتشريعات والمعلومات الاحصائية المتوافرة بهدف التبادل التجاري والخبرات وخلق صلة بين رجال الاعمال في البلدين.

وكانت الجلسة الافتتاحية بين الجانبين قد افتتحت بكلمة من رئيس الوزراء اليمني رحب فيها برئيس الوزراء المصري والوفد المرافق له. وأوضح ان انعقاد الدورة الرابعة للجنة العليا المشتركة يكتسب أهمية في مسار علاقات التعاون في ظل ظروف واوضاع المرحلة الراهنة ثم تناول في كلمته مسيرة الاصلاح الاقتصادي في اليمن الشقيق مشيرا إلى أنها تقدمت عدة خطوات ايجابية على هذا المسار كان أبرزها اسقاط ٨٠٪ من المديونية الخارجية بالاتفاق مع نادي باريس.

ومن جانبه أكد رئيس الوزراء المصري في كلمته عمق العلاقات القوية التي تربط الشعبين المصري واليمني، وعلى وجه التحديد منذ عام ٦٢ حين قامت الثورة اليمنية وبدأت العلاقة المميزة بين البلدين، وأكد أن مباحثاته في صنعاء وعدن تستهدف تعميق العلاقات الاقتصادية والوصول بها إلى مستوى العلاقات السياسية المميزة بين الدولتين حكومة وشعبا.

وعلى الجانب الاقتصادي اشار إلى أن العرب اذا اتحدوا شكلوا قوة حقيقية واوضح ان العلاقة المميزة بين مصر واليمن تفرض على الجهازين التنفيذيين في البلدين تحقيق نتائج أكثر ايجابية لدفع عجلة التنمية ورفع مستوى معيشة ابناء البلدين.

وأوضح أن المتغيرات الدولية والتكتلات التي تحيط بالمنطقة العربية تفرض علينا ألا نعمل بشكل فردي كما كان قائما من قبل وعلينا ان نتعاون اذ لايتصور ان يكون حجم استثمارات العرب على الأرض العربية ١٥٪ فقط من حجم الاستثمارات في الدول العربية. وأوضح ان اللجنة في دورتها الرابعة ستعمل على زيادة حجم التبادل التجاري بين البلدين الذي يقف عند ٤٠ مليون دولار فقط ليزيد إلى ٣ أمثاله في المرحلة الاولى ويتضاعف بعد ذلك. وأوضح ان هناك اتفاقيات للقضاء على الازدواج الضريبي واقامة مشروعات مشتركة دون حساسيات على الأرض المصرية أو اليمن وأوضح ان هذا يتطلب دعم النقل البحري والجوي وألمح إلى ضرورة التنسيق بين البلدين في اقامة موانئ للحاويات سواء في عدن أو شرق مصر لتحقيق أكبر فائدة ممكنة، مشيرا إلى ان اقامة تلك الموانئ يجب ان تكون أولا للتكامل دون التنافس.

من جريدة «الاهرام» بتصرف

V. Post-Text Exercises.

1. Read the Main Text carefully and then select the appropriate answer(s).

١) تهدف اجتماعات اللجنة العليا المصرية-اليمنية المشتركة إلى...

ا. اقامة ازدواج ضريبي
ب. زيادة حجم التجارة بين البلدين
ج. اقامة مشروعات مشتركة
د. تدعيم العلاقات بين البلدين

٢) وصف رئيس الوزراء المصري العلاقات الثنائية بين مصر واليمن بأنها...

ا. علاقة مميزة منذ عام ٦٢
ب. قائمة على تعاون رجال الأعمال في البلدين
ج. تتطور إلى مستوى أفضل
د. تعتمد على شبكة المعلومات بين البلدين

٣) اكد رئيس الوزراء اليمني ان...

ا. اليمن يسعى إلى التعاون مع مصر في المجال الاقتصادي
ب. اليمن يسعى إلى التعاون مع مصر في كل المجالات
ج. اليمن يسعى إلى التعاون الفعال مع مصر
د. اليمن يسعى إلى توقيع عدد من الاتفاقيات مع مصر

٤) تضم اعمال اللجنة...

ا. اتفاقيات وبروتوكولات وبرامج ومذكرات تفاهم
ب. اتفاقية امنية لتسليم المجرمين الهاربين
ج. انشاء منطقة للتجارة الحرة
د. انشاء خط ملاحي

2. Indicate whether the following statements are true or false according to the Main Text.

T	F	١) تسعى مصر إلى دعم وتوسيع حجم التجارة مع اليمن فقط.
T	F	٢) قررت التكتلات الدولية ألاتسمح للدول العربية أن تعمل لوحدها.
T	F	٣) اليمن هو أول دولة تدعم مصر معها العلاقات الاقتصادية.
T	F	٤) تشجع الحكومة المصرية رجال الاعمال للعمل في الخارج.
T	F	٥) يعتبر هذا الاجتماع في صنعاء أول اجتماع للجنة العليا.
T	F	٦) توقع اللجنة على اتفاقيات في مجال الاستثمار والتجارة.
T	F	٧) من مشاكل الاصلاح الاقتصادي اليمني الديون الخارجية التي تبلغ ٨٠٪.
T	F	٨) تشكل التجارة العربية والاستثمار العربي ١٥٪ من حجم الاستثمارات في الدول العربية.
T	F	٩) توجد عدة مراحل لزيادة حجم التبادل التجاري بين مصر واليمن.
T	F	١٠) يجب ألا يهتم الجانبان المصري واليمن على أي أرض تقام المشاريع.

3. Choose the correct paraphrase for the following sentence.

التكتلات العالمية لن تسمح للدول العربية ان تعمل فرادي فى ظل هذا المناخ الدولي الذي يحتاج إلى التكامل والتعاون بين الدول العربية.

ا. يجب على الدول العربية ان تتحد وتتعاون لمواجهة التكتلات الدولية ولتنجح في توسيع حجم التجارة.

ب. على الدول العربية ان تعمل في ظل التكتلات الدولية لتحقيق التكامل والتعاون بينها.

ج. التكامل والتعاون بين الدول العربية لايتم إلا بالاتحاد مع التكتلات الدولية.

VI. Supplementary Material.

1. Vocabulary. المفردات.

Words and expressions in the order in which they appear in Supplementary Text #1.

burden	عِبْء (ج) أعباء
income	إيراد (ج) ات = دخل
good, commodity	سلعة (ج) سِلَع
agricultural	زراعيّ
to inflict, cause	كبّد - يكبّد (تكبيد)
loss	خسارة (ج) خسائر
unquestionable, beyond doubt	مُحقّق
imports	واردات
net	صافٍ (الصافي)
wheat	قمح
to vary	تراوح - يتراوح (تراوح)
probable	محتمل
average	معدّل (ج) ات
subsidy	دعم
emanating from	منبثِق عن
transparency	شفافيّة
concluded	مُبرَم = معقود
in case, if	في حال = إذا
exception	استثناء (ج) ات
according to	وِفقاً لـ
requirements	مُقتضَيات
worthy of	أوْلى بـ
justified	مبرَّر
aid	إعانة (ج) ات
adapting	تكيّف

severity	وطأة
surplus	فائض (ج) فوائض
setting	إرساء

Organizations and Official Titles. **المنظّمات والالقاب الرّسميّة.**

المنظّمة العربيّة للتنمية الزّراعيّة

Arab Organization for Agricultural Development

director of a regional office	مدير مكتب إقليمي
Balance of Payments	ميزان المدفوعات
Trade Balance	الميزان التّجاري

Useful Expressions. **عبارات مفيدة.**

with no exception	من دون استثناء
minimum X maximum	الحدّ الأدنى X الحدّ الأقصى
to replace	حلّ محلّ
time ceiling	سقف زمني

2. Read the questions below, scan Supplementary Text #1, and write brief answers.

1) Why will the Arab countries suffer losses?

2) What is the role of the GATT in this respect? Elaborate.

3) How do the Arab countries joining the GATT affect the treaties signed between these countries?

4) What are the different solutions suggested in the study prepared by the Arab Organization for Agricultural Development?

3. Supplementary Text #1.

الأعباء الايرادية على الموازين قد تصل الى ١١٥٤ مليون دولار سنوياً
تحرير التجارة العالمية للسلع الزراعية يكبد الاقتصادات العربية خسائر محققة

قالت «المنظمة العربية للتنمية الزراعية» ان كل الدول العربية من دون استثناء ستتكبد خسائر نتيجة ارتفاع قيمة وارداتها الصافية بعد تحرير التجارة العالمية للسلع الزراعية تقدر بنحو ٦٥٩ مليون دولار سنويا.

وذكرت دراسة اعدها مدير المكتب الاقليمي في صنعاء ان الزيادات الإضافية في قيمة الميزان التجاري لسلعة القمح على مستوى الوطن العربي يمكن ان تتراوح بين ٧٠.٥ و ٣٤٢.٢ مليون دولار سنوياً نتيجة ارتفاع سعر القمح كأحد الآثار المحتملة لخفض معدلات الدعم بعد تطبيق اتفاقية «غات».

وأكدت الدراسة التي حصلت عليها «الحياة» ان صناعة الألبان ستتأثر بعوامل خفض الحصص والأسعار المحلية وزيادة أسعار منتجات الألبان بما يتراوح بين ٢٩ و٣١ في المئة بسبب الاتفاقية.

وقالت الدراسة ان ارتفاع اسعار اللحوم الحمراء بسبب «غات» يمكن ان يسبب أعباء اضافية على الدول العربية قيمتها بين ٩,٢ و٣٠,٧ مليون دولار سنوياً.

ويذكر ان ست دول عربية انضمت الى منظمة التجارة الدولية المنبثقة عن «غات» هي الكويت والبحرين ومصر والمغرب وتونس وموريتانيا، فيما تقدمت كل من السعودية والجزائر والأردن بطلبات للانضمام الى المنظمة. وتستطيع دول مثل اليمن وقطر والامارات ان تنضم بسهولة لأنها كانت في السابق تابعة لدول اعضاء، كما يدرس السودان أيضاً الانضمام.

وترى الدراسة ان الزيادة في القيمة الاضافية للميزان التجاري للسكر سيتراوح بين ٨٥.٣ و ١٠٩.٦ مليون دولار سنوياً، وبالتالي فإن الحد الأدنى للزيادات الاضافية للميزان لأربع سلع غذائية هي القمح والسكر والألبان واللحوم يتوقع ان يصل الى ٧٩٣ مليون دولار بسبب تحرير التجارة العالمية للسلع الزراعية.

وشددت الدراسة على أن مبدأ الشفافية الوارد في «غات» لا يخدم الدول العربية بالنسبة لوارداتها من السلع الزراعية. كما ان الاتفاقات الجماعية المبرمة في اطار الجامعة العربية ستحتاج الى مراجعة في حال انضمت جميع بلدانها الى «غات».

واقترحت الدراسة سياسات عدة تستفيد من الاستثناءات والسقوف الزمنية منها دعم وبناء القدرات الانتاجية والتصديرية للمنتجات الزراعية وفقاً لمقتضيات السوق العالمية بعد سنة ٢٠٠٥ واحياء السوق العربية المشتركة في اطار تكتل اقتصادي يعفي الدول العربية من مبدأ عدم التمييز بين الدول الأولى بالرعاية.

وتحدثت الدراسة عن فرصة الاستثناء من مبدأ الشفافية للدول التي تواجه عجزاً حاداً في موازين مدفوعاتها، والسماح في حالة خاصة مبررة باستخدام حصص الواردات للسلع الزراعية فضلاً عن استثناءات اخرى تتعلق بخفض الدعم للزراعة.

وقدمت الدراسة حلولاً اخرى للتكيف مع «غات» مثل اتخاذ خطوات ايجابية نحو بناء مخزونات غذائية احتياطية على المستويين القطري والقومي تخفف من وطأة الارتفاع الحاد المتوقع في اسعار بعض السلع الغذائية، وتعزيز العلاقات التجارية مع الدول النامية والصديقة التي يمكن ان تحل محل الاتحاد الأوروبي أو الأسواق التقليدية سواء لتصريف فوائض المنتجات أو الحصول على حاجات السلع الغذائية.

ونصحت الدراسة ان تبدأ الدول العربية من الآن وقبل انتهاء المدى الزمني لتطبيق «غات» في إرساء قواعد التكامل الزراعي.

من جريدة «الحياة»
بتصرف

SECTION THREE: DOMESTIC POLITICS

ELECTIONS
انتخابات

Lesson 5 **Despite the Lack of Any Prior Conditions, Jordanian Opponents Consider the Statement of the Muslim Brotherhood the Basis for Discussion with the Movement.**

I. Background Information.

Most Middle Eastern countries inherited from the colonial era modern parliamentary systems based on universal sufferage. As for the Gulf monarchies, they found in the Islamic tradition the principle of consultation—"shura"—to establish consultative parliaments. However, the electoral process in the Middle East, with perhaps the exception of Lebanon until the civil war, has usually been characterized by single party dominance and paternalism. Nowadays, the general population in most Arab countries is no longer apathetic and has begun to take a more active interest in the electoral process. In particular, women are becoming more vocal and are participating to an extent never seen heretofore. Since the inception of the 1990s, an increasing number of Islamists have been elected to Parliament in the countries of the Arab world on strongly reformist platforms. Thus far, they have not been in the majority, except in Algeria where as a result, the army took over control of the government, and bloodshed ensued. Where the Islamists have been allowed to participate in the political process, their activities have been moderated, and they have helped to enhance the democratic debate.

II. Vocabulary. المفردات.

Words and expressions in the order in which they appear in the Main Text.

previous	مُسبق
statement	بَيان (ج) ات
boycott	مقاطعة
to aim at	استهدف - يستهدف (استهداف)
obstacle	عَقَبة (ج) ات
starting point	مُنطَلَق
expressing	مُعرِباً عن

about to	بصدد
known	معلوم
on the level of	على صعيد
completing	إنجاز = إكمال = إتمام
temporary X permanent	مؤقّت X دائم
urgent	مُلحّ = طارئ
about, around	زُهاء = نحو = حوالي
to vote	صوّت - يصوّت (تصويت)
for the purpose of	بُغْيةً = بهدف
crisis	أزمة (ج) ات
deterioration	تراجُع
to entrust, consign	فوّض - يفوّض (تفويض)
intended	مُزْمَع = مقرَّر

Organizations and Official Titles. — **المنظّمات والألقاب الرّسميّة.**

Muslim Brotherhood	الإخوان المسلمون
representative elections	إنتخابات نيابيّة
President of the Chamber of Deputies	رئيس مجلس النّوّاب
Islamic powers	القوى الإسلاميّة
General Observer	المراقب العامّ
Islamic Labor Front Party	حزب جبهة العمل الإسلامي
National Labor Party "Haqq"	حزب العمل القوميّ "حقّ"
media spokesman	ناطق إعلامي
Head of the Dentists Syndicate	نقيب أطبّاء الأسنان
professional syndicates	نقابات مهنيّة
People's Democratic Party	حزب الشّعب الدّيمقراطي

Useful Expressions. **عبارات مفيدة.**

equally	على حدّ سواء
lately	في الآونة الأخيرة = مؤخّراً
	تذليل العقبات = إزالة العقبات
with no prior conditions	بلا شروط مسبقة
what is related to, concerning	ما يتعلّق بـ
in itself	بحدّ ذاته
without resorting to	دون الرّجوع إلى
dead end	طريق مسدود
capable of	كفيلة بـ
creating the atmosphere	تهيئة الأجواء

Notes.

1. the indirectly connected adjective النعت السببي

← pronoun (referring to original noun) + verbal noun + adjective (modifying following word) + noun ←

as in:	the elections scheduled to be held	الانتخابات المقرَّر إجراؤها
	the dialogue scheduled to be held	الحوار المزمع اجراؤه
	the subject under discussion	الموضوع الجاري بحثه

III. Pre-Text Exercises.

1. Using the dictionary, fill in the following table as indicated.

Root	Word	Meaning
	ترتيبات	
	تفادِ	
	تذليل	
	عوائق	
	انجاح	
	عدالة	
	اعلام	
	مرتكزات	
	نتائج	
	نزاهة	

2. Choose the correct antonym on the left for the words on the right.

١) وجود	( )	ا. ماض
٢) مقاطعة	( )	ب. إبعاد
٣) مستقبل	( )	ج. سلبي
٤) حريات	( )	د. دائم
٥) تقريب	( )	ه. فساد
٦) ايجابي	( )	و. غياب
٧) انجاح	( )	ز. افشال
٨) مؤقت	( )	ح. مفتوح
٩) مسدود	( )	ط. قيود
١٠) نزاهة	( )	ي. مشاركة

3. Fill in the blanks with one of the following words or phrases, making all necessary changes.

المعارِضة	الإخوان المسلمون	العوائق	خطاب	نزاهة
نقابة	طريق مسدود	تهيئة	الحوار	مقاطعة

١) من المقرر ان تتدخل ________ لحل الازمة بين الحكومة والعمال.

٢) ألقى الرئيس ________ رحب فيه بضيفه الكبير.

٣) بدأ ________ بين مختلف الاحزاب ________ امس، وعلى رأسها حزب

________ ________.

٤) قرّر الديمقراطيون ________ الانتخابات الجديدة.

٥) للأسف لم تصل المفاوضات بين الدولتين إلا إلى ________ ________ بسبب

________ التي تعترضها.

٦) حاول المفاوضون ________ الأجواء وأكدوا ________ الانتخابات.

4. Read the questions below, scan the Main Text, and write brief answers.

1) How many persons were interviewed for this article? Who are they?

2) What are the names of the parties mentioned in the article?

3) Which parties announced that they will boycott the elections?

4) Who requested to meet the King? For which purpose?

IV. Main Text.

رغم عدم وجود أي شروط مسبقة

معارضون أردنيون يعتبرون بيان الإخوان المسلمين أساس النقاش مع الحكومة

تتخذ الحكومة والمعارضة على حد سواء الترتيبات اللازمة لاجراء الحوار الذي تقرر عقده بين الجانبين، لتفادي قيام جماعة الاخوان المسلمين وبعض الاحزاب المعارضة بمقاطعة الانتخابات النيابية المقرر اجراؤها في الرابع من شهر تشرين الثاني (نوفمبر) المقبل.

وقال رئيس مجلس النواب ان الاتصالات التي اجراها في الآونة الاخيرة مع رئيس الحكومة والمراقب العام لجماعة الاخوان المسلمين استهدفت تذليل العقبات التي تعترض اقامة الحوار بين الجانبين، واوضح «ان الحوار هو منطلقنا ووسيلتنا لبحث كافة القضايا».

واضاف انه سيواصل اتصالاته ومشاوراته حتى اثناء الحوار لازالة العوائق التي تعترض المشاركة في الانتخابات، معربا عن امله ان تسفر اللقاءات والحوارات عن مشاركة القوى الاسلامية في الانتخابات المقبلة، مؤكدا ان خطاب الملك في «معان» اعطى دفعة قوية للحوار.

اما المراقب العام لجماعة الاخوان المسلمين، فتوقع ان يبدأ الحوار خلال الاسبوع الحالي وبين ان الحوار سيشمل كافة القضايا الوطنية. وقال ان البيان الذي اصدرته الجماعة ويحتوي على سبعة مطالب، سيكون المرتكز الاساسي للحوار مع الحكومة، موضحا ان هذه المطالب ليست شروطا مسبقة وانما هي مرتكزات جماعة الاخوان المسلمين للحوار وذلك بعد ان تم الاتفاق مع الحكومة على ان يكون الحوار بلا شروط مسبقة من الطرفين.

واضاف ان جماعة الاخوان المسلمين بصدد ترتيب اوراق الحوار والبرنامج الخاص الذي سيقوم الحوار على اساسه، وان لا خلاف على من سيقوم بالحوار مع الحكومة جماعة الاخوان المسلمين او حزب جبهة العمل الاسلامي ما دام برنامج الحوار واضحا ومعلوما. وبين ان جماعة الاخوان المسلمين ستتشاور مع الاحزاب التي سبق ان اعلنت مقاطعتها للانتخابات، بالاضافة الى الاحزاب التي اعلنت مقاطعتها خلال الايام الاخيرة مثل حزب المستقبل، وحزب العمل القومي «حق».

واعرب عن تقديره للدور الذي قام به رئيس مجلس النواب على صعيد تقريب وجهات النظر بين الحكومة وجماعة الاخوان المسلمين، مبينا ان هذا الدور ما زال مستمرا.

وقال الناطق الاعلامي بلسان جماعة الاخوان المسلمين ان الجانبين اتفقا على ان يكون الحوار دون شروط مسبقة وان موعد الحوار سيتحدد في ضوء الترتيبات التي تتخذها حاليا الجماعة للحوار على هذا الصعيد.

وقال ان الحوار سيتناول كافة القضايا التي تهم البلاد خاصة ما يتعلق بالقوانين المؤقتة والحريات العامة وضمان نزاهة الانتخابات، مشيرا الى ان برنامج الحوار سيتم اعداده بالتعاون مع احزاب المعارضة التي اعلنت مقاطعتها للانتخابات.

بدوره قال نقيب اطباء الاسنان ان النقابات المهنية تؤيد وترحب بالحوار بين الحكومة والمعارضة، مؤكدا ان الحوار بحد ذاته مطلب ضروري وملح في هذا الظرف.

واكد حرص النقابات المهنية التي تضم زهاء ١٠٠ الف عضو بين طبيب ومهندس ومحام وصيدلي ومهندس زراعي على انجاح الحوار مع الحكومة بغية اخراج البلاد من الازمة التي تعيشها منذ عدة اشهر بسبب التراجع في الحريات العامة واصدار القوانين المؤقتة دون الرجوع الى البرلمان. وبيّن ان مجلس النقباء طلب عقد لقاء عاجل مع الملك منذ عدة اسابيع بعد ان وصل الامر مع الحكومة الى طريق مسدود وذلك لتسليمه مذكرة بالمطالب التي ترى النقابات المهنية انها كفيلة باخراج البلاد من الازمة التي تعيشها.

وقال الامين العام لحزب الشعب الديمقراطي (حشد) ان حزبه الذي سبق ان اعلن مقاطعته للانتخابات البرلمانية، يرحب بالحوار مع الحكومة على جملة المطالب التي تتبناها الاحزاب الخمسة التي اعلنت مقاطعتها للانتخابات والتي تتعلق بتهيئة الاجواء الملائمة والظروف المناسبة لاجراء الانتخابات بنزاهة وعدالة.

واضاف ان احزاب المعارضة عقدت اجتماعا امس الاول بحثت فيه اسس الحوار والقضايا التي سيتناولها، موضحا ان هذه الاحزاب فوضت المراقب العام للاخوان المسلمين التحدث باسمها وتحديد موعد الحوار المزمع اجراؤه مع الحكومة.

من جريدة «الشرق الاوسط»
بتصرف

V. Post-Text Exercises.

1. Read the Main Text carefully and then select the appropriate answer(s).

١) تشارك الأطراف التالية في الإعداد للانتخابات...

ا. الحكومة وحزب الإخوان المسلمـين
ب. الحكومة وكل الأحزاب المعارضة
ج. حزب الاخوان المسلمـين وأحزاب المعارضة
د. الحكومة وبعض الأحزاب المعارضة

٢) يهدف الحوار بـين الحكومة الاردنيـة والمعارضة إلى...

ا. اقنـاع الأحزاب المعارضة بعدم مقاطعة الانتخابات
ب. منـع الأحزاب المعارضة من الاشتراك في الانتخابات
ج. ازالة العوائق التي تعتزم بـسببها بـعض الأحزاب المعارضة مقاطعة الانتخابات
د. منـع الاخوان المسلمـين من مقاطعة الانتخابات

٣) قال رئيس مجلس النواب إن هدف الاتصالات بينـه وبـين رئيس الحكومـة والمراقب العام للاخوان المسلمـين...

ا. الترتيب لإجراء الحوار بـين الحكومة والمعارضة
ب. ازالة العقبات أمام اجراء الحوار
ج. ازالة العوائق للمشاركة في الانتخابات
د. اجراء الانتخابات في شهر نوفمبر

٤) قال الناطق الاعلامي للاخوان المسلمـين ان...

ا. هنـاك شروط لاجراء الحوار
ب. الحوار سيتم بـعد انهاء بـعض الاستعدادات
ج. الحوار سيتناول الانتخابات والحريات والقوانين المؤقتة
د. للجماعة سبعة مطالب

٥) تحرص النقابات المهنية على...

ا. اصدار قوانين دون الرجوع إلى البرلمان
ب. انجاح الحوار مع الحكومة
ج. عقد لقاء مع الملك
د. التراجع في الحريات العامة

71

2. Complete the following sentences with a suitable word or phrase, in accordance with the Main Text.

١) سيستمر رئيس مجلس النواب في اتصالاته لـ ________________________

٢) توقع المراقب العام لجماعة الاخوان المسلمين ان ________________________

٣) يحتوي بيان الاخوان المسلمين على ________ ________ وهو ________ ________ ________

٤) لا يوجد خلاف بين جماعة الاخوان وحزب جبهة العمل الاسلامي حول ________________

٥) كان حزب الشعب الديمقراطي قد أعلن ________ ________ و لكنه الآن ________ ________

3. Indicate whether the following statements are true or false according to the Main Text.

١) تعتزم جماعة الاخوان المسلمين وكل احزاب المعارضة مقاطعة الانتخابات. T F

٢) حسب رئيس مجلس النواب الحوار هو الوسيلة لبحث كل القضايا. T F

٣) يأمل رئيس مجلس النواب في ان تشارك الأحزاب الاسلامية في الانتخابات. T F

٤) نفى المراقب العام للاخوان المسلمين ان المطالب السبعة شروط مسبقة للحوار. T F

٥) هناك خلاف بين الاخوان المسلمين وحزب جبهة العمل الاسلامي حول من سيقوم بالحوار مع الحكومة. T F

٦) لم تعلن كل احزاب المعارضة مقاطعتها للانتخابات في نفس الوقت، بل جاء الإعلان على مرحلتين. T F

٧) يتحدد موعد الحوار بين الحكومة الاردنية والمعارضة بعد اجراء الانتخابات. T F

٨) يتناول الحوار قضية نزاهة الانتخابات فقط. T F

٩) اصدر البرلمان بعض القوانين المؤقتة. T F

١٠) تسببت القوانين المؤقتة في الازمة بين الحكومة الاردنية والاحزاب. T F

VI. Supplementary Material.

1. Vocabulary. المفردات.

Words and expressions in the order in which they appear in Supplementary Text #1.

intention	عزم
followed, adopted	مُتَّبَع
so as	بِحَيْثُ
to coincide with	صادف – يصادف (مصادفة)
anniversary	ذِكرى
membership	عضوية
to stipulate	نصّ – ينصّ (نصّ) على
deepening	تعميق
pioneer	رائد (ج) رُوّاد
performance	أداء
mission, task	مَهمّة (ج) مهامّ
to guarantee	كفل – يكفُل (كفل)
accomplishment, accomplishing	إنجاز = تحقيق
following, adopting (a policy)	تَبَنٍّ (التبنّي)
obligation, commitment	إلتِزام (ج) ات
belonging	انتماء
march	مسيرة
ambition	طُموح (ج) ات
aspiration	تطلُّع (ج) ات
flourishing	ازدهار
legitimate	مشروع
practical	عَمَلي
goals	أهداف = غايات
to look for, hope for	صبا – يصبو (صبو) إلى

Organizations and Official Titles.	المنظّمات والألقاب الرّسميّة.
The National Council	المجلس البلدي
Consultative Council	مجلس الشّورى
Chamber of Commerce	غرفة تجارة = الغرفة التجارية
executive powers	السّلطات التّنفيذيّة
legislative powers	السّلطات التّشريعيّة
judicial powers	السّلطات القضائيّة
crown prince	وليّ العهد

Useful Expressions.	عبارات مفيدة.
instead of	بدلاً من
the time has come	آن الأوان = حان الوقت
to be taken into consideration	يُؤْخَذ في الاعتبار
effectively	بكفاءة وإقتدار
influential people, people in power	أهل الحلّ والعقد
(lit: the people who loosen and bind)	
by peaceful means	بطرق سِلميّة

2. Read the questions below, scan Supplementary Text #1, and write brief answers.

1) On which occasion did the Qatari Prince give his speech?

2) What are the changes which he talked about?

3) What are the purposes of those changes?

4) What did the Prince say about the foreign policy of Qatar?

3. Supplementary Text #1.

قرار بإجراء انتخابات للمجلس البلدي بدلاً من أسلوب التعيين
أمير قطر: آن الأوان لوضع النظام الأساسي الدائم للحكم

أعلن أمير قطر عزمـه على اجراء تغييرات سياسية في نظام الحكم في قطر «تؤدي في النهاية الى المشاركة السياسية على احدث النظم المتبعة في الدول الديمقراطية».

وأكد الأمير في خطاب افتتاح دور الانعقاد لمجلس الشورى القطري الخامس والعشرين امس انه آن الأوان لوضع النظام الاساسي الدائم للحكم في قطر بحيث يؤخذ في الاعتبار ما تشهده البلاد من تطور في مختلف المجالات. وقال الشيخ في دورة الافتتاح لمجلس الشورى القطري الذي يصادف الذكرى الخامسة والعشرين لاستقلال البلاد انه سيتخذ قريبا قراراً يقضي بأن تكون عضوية المجلس البلدي القطري بالانتخابات وليس بالتعيين «ليحقق بذلك المشاركة الكاملة للمواطنين»، مشيرا الى انه اصدر قانوناً نص على ان تكون العضوية في مجلس ادارة غرفة تجارة وصناعة قطر بالانتخاب وليس بالتعيين لتكون لهذا القطاع الحرية الكاملة.

واضاف أمير قطر في خطابه «ان الهدف من هذه الخطوات السياسية هو تعميق التجربة الرائدة في المشاركة الشعبية بما يزيد من دورها في رسم سياسات الدولة وتنفيذها وتعزيز قدرة السلطات التنفيذية والتشريعية والقضائية على اداء مهامها بكفاءة واقتدار بما يرفع من مستوى الاداء الحكومي للقيام بالدور المطلوب في الخدمات العامة لدفع عملية التنمية وخدمة المواطن».

وأشار امير قطر إلى انه بدأ بالفعل والى ان يصدر النظام الاساسي الدائم في اتخاذ خطوات اساسية عملا بأحكام المادة ٢١ من النظام الاساسي المؤقت والاحكام الخاصة بتوارث الحكم في قطر واستكمالا للاوضاع الدستورية المنظمة. وقال «انه بعد التشاور مع اهل الحل والعقد في البلاد تمت موافقتهم على تعيين ولي العهد»، مشيرا إلى انه اصدر في الشهر الماضي قرارات اميرية بتعديل بعض احكام النظام الاساسي المتعلقة بمجلس الوزراء والتي شكل على اثرها الوزارة الجديدة الى جانب تعديلات قواعد جديدة لممارسة مجلس الوزراء لمهامه بما يكفل زيادة كفاءة العمل التنفيذي وسرعة انجازه.

وحول السياسة الخارجية لدولة قطر قال الشيخ القطري ان سياسة قطر ستستمر في تبني الاسس والمبادئ في اطار التزاماتها الخليجية العربية الاسلامية وتعزيز انتمائها لمجلس التعاون والحرص على ان يحقق المجلس في مسيرته الاهداف التي قام من اجلها لتحقيق التكامل والتعاون والتنسيق بين دوله بما يلبي طموحات شعوبه وتطلعاتها المشروعة في التنمية والازدهار.

ورحب بانعقاد القمة السابعة عشرة للمجلس في الدوحة في ديسمبر (كانون الاول) المقبل، معربا عن امله بأن تخرج القمة باستراتيجية عملية للمستقبل تمكن المجلس من تحقيق الاهداف والغايات التي تصبو اليها الدول الاعضاء.

وقال امير قطر: «لقد اكدنا دائما على حل الخلافات بين الدول بالطرق السلمية ضمانا لأمن واستقرار منطقتنا الخليجية والحفاظ على العلاقات التاريخية بين دوله».

من جريدة «الشرق الاوسط»
بتصرف

VII. Supplementary Material.

1. Vocabulary. المفردات.

Words and expressions in the order in which they appear in Supplementary Text #2.

related to	تعلّق - يتعلّق (تعلّق) بـ
	مُقبِل = قادم = آتٍ
to be added to	يُضاف إلى
constitution	دستور (ج) دساتير
reviewing	مراجعة
regulation	لائحة (ج) لوائح
criterion	معيار (ج) معايير
removing, abolishing	إزالة
violation	مخالفة (ج) ات
voting	اقتراع
transparent	شفّاف
	اعتماد = قبول

Organizations and Official Titles. **المنظّمات والالقاب الرّسميّة.**

Parties of the left and of the right	أحزاب يمينيّة ويساريّة
Chamber of Deputies	مجلس النّوّاب

Useful Expressions. **عبارات مفيدة.**

in light of this	في ضوء ذلك
Western Sahara	الصّحراء الغربيّة

Notes.

1. Re... ← إعادة + مصدر ←

as in: reorganizing... إعادة تنظيم...
redividing... إعادة تقسيم...
rereading... إعادة قراءة...
rewriting... إعادة كتابة...

2. Read the questions below, scan Supplementary Text #2, and write brief answers.

1) What did the official source announce?

2) What did the new constitution stipulate?

3) Why is the Western Sahara mentioned here?

4) What did the Minister of the Interior and the parties agree upon?

3. Supplementary Text #2.

المغرب: الحكم يسلم الاحزاب مشروعين لقانون انتخابي

أعلن مصدر رسمي في الرباط ان الحكومة المغربية سلمت زعماء الاحزاب السياسية اليمينية واليسارية في المغرب خلال الأيام الماضية مشروعي قانون انتخابي يتعلقان بالانتخابات التشريعية المقبلة وباعادة تنظيم المناطق في المغرب.

ومن المقرر ان ينظم المغرب في الربيع انتخابات لتشكيل مجلس «مستشارين» يضاف الى مجلس النواب في البرلمان المغربي، كما نص عليه دستور جديد تم تبنيه في ايلول (سبتمبر) الماضي. وإضافة الى تشكيل برلمان من مجلسين نص هذا الدستور على اعادة تنظيم اداري للمناطق المغربية.

ومن المقرر تشكيل ١٥ منطقة جديدة في المغرب، ثلاث منها في الصحراء الغربية.

وأوضح المصدر ذاته ان وزير الداخلية سلم مشروعي القانون الى رؤساء الاحزاب خلال اجتماع عقد الخميس الماضي. وخلال هذا الاجتماع اتفق الجانبان على ضرورة مراجعة اللوائح الانتخابية وتصحيحها. وتم في ضوء ذلك تحديد معايير لإزالة المخالفات المحتملة التي تتضمنها هذه اللوائح. وبدأت عمليات مراجعة اللوائح امس وتستمر حتى ٣١ من الشهر الجاري.

كما اتفقت الاحزاب مع وزارة الداخلية على استخدام صناديق اقتراع شفافة خلال الانتخابات المقبلة. وهي المرة الأولى في المغرب التي يتم فيها اعتماد هذا النوع من الصناديق.

من جريدة «الحياة»

بتصرف

SECTION THREE : DOMESTIC POLITICS

POLITICAL CRISES
أزمات سياسية

Lesson 6 **Abolishing the 1930 Constitution in Egypt.**

I. Background Information.

When Egypt was a kingdom, the King used to have the Parliament hold its sessions before the third Saturday of November. The 1930 Constitution supported this principle and added that if the King failed to do so, the Parliament would meet regardless, according to the Law. The parliamentary sessions were to last for at least six months, and it was the King who would announce the end of those sessions.

II. Vocabulary. المفردات.

Words and expressions in the order in which they appear in the Main Text.

to abolish, to annul	ألغى – يلغي (إلغاء)
to establish	سنّ – يسِنّ – (سنّ)
to remain	ظلّ – يظَلّ
to pass	انقضى – ينقضي (انقضاء) = مرّ
consultation	مشاورة (ج) ات
maneuver	مناورة (ج) ات
resignation	استقالة (ج) ات
to follow	سار – يسير (سَير) على
matter, problem	مسألة = أمر = شأن
mandate, trusteeship	وصاية
throne	عرش
support, supporting	تأييد

honesty	نزاهة
forcing, pushing	دفع
contact	اتّصال (ج) ات
politician	سياسي (ج) ون / ساسة
expected	مُرتَقَب = منتظر = متوقّع
candidate	مرشَّح (ج) ون
to nominate	رشّح - يرشّح (ترشيح)
satisfying	إرضاء
delegation	وفد (ج) وفود
especially	خصوصاً = خاصّةً
to impose as a condition	اشترط - يشترط (اشتراط)
interference	تدخُّل
to be entrusted with	عُهِدَ - يُعهَد (عهد) الى... بـ
experienced	مُخَضْرَم (ج) ون
to be promoted, to progress gradually	تدرّج - يتدرّج (تدرّج)
judiciary	القضاء
to be accused	أُتُّهِم - يُتَّهم (اتّهام)
distorting, spoiling	مسخ
to last	دام - يدوم (دوام)
to be characterized by	تميّز - يتميّز (تميّز) بـ
assassination	اغتيال (ج) ات
arrests	اعتقالات
stipulating	النصّ على
invalidation, abolition	إبطال
to hold up, to slow down	تباطأ - يتباطأ (تباطؤ)
complying with	الاستجابة لـ
to insist on, to urge, to press for	ألحّ - يُلحّ (إلحاح)
to put off, to tarry	ماطل - يماطل (مماطلة)
to disregard, to ignore	تغافل - يتغافل (تغافل)

Organizations and Official Titles.

المنظمات والالقاب الرسميّة.

Pasha (Turkish title used in Egypt)	باشا
High Commissioner	المندوب السّامي
Head of the Government	رئيس الحكومة
Ministry of Endowments	وزارة الأوقاف
Ministry of the Interior	وزارة الدّاخليّة
Palace (Turkish word)	السّراي

Useful Expressions.

عبارات مفيدة.

to pass a law	سنّ قانوناً
	بدون = دون = بغير
to form a cabinet	ألّف وزارة = شكّل وزارة
in turn	بِدوره
as a successor to	خلفاً لـ
to stand up against	وقف في وجه
public opinion	الرّأى العامّ
a compromise	حلّ وَسَط
the representative system	النّظام النّيابي
especially, particularly	لا سيّما = خاصّةً
royal order, decree	أمر مَلَكي
to replace	حلّ محل...
to comply with	النّزول على رغبة
to fall victim to	راح ضحيّة...
based on, in accordance with	بناءً على...

Notes:

1. Adjectival Idafa

    as in: Turkish of origin   تركي الأصل

             Egyptian-born   مصري المولد

2. bill (draft law)   مشروع قانون

    as in: draft constitution   مشروع دستور

             draft resolution   مشروع قرار

             project   مشروع

3. ← noun/pron. + preposition + masc. sing. passive participle + noun ←

    as in: "a ministry whose integrity is doubted"   وزارة مشكوك في نزاهتها

           "a matter which is doubted"   أمر مشكوك فيه

4. to attribute... to...   عزا... إلى...

    as in:

    عزا أسبابها إلى تدخّل الانجليز.

    He attributed its causes to the intervention of the English.

    عزا أسباب فشله في الامتحان إلى عدم النوم.

    He attributed the cause of failing the exam to the lack of sleep.

5. To assume   تولّى

    as in: To take over a ministry   تولّى وزارة

             To assume a position   تولّى منصباً

             To assume a task   تولّى مهمّة

III. Pre-text Exercises.

1. Using the dictionary, fill in the following table as indicated.

Root	Word	Meaning
	حلّ	
	ألّف	
	دار	

2. Match the following.

١) ألغت ( )	ا. فكّت ونقضت
٢) حلّت ( )	ب. تمّت وحدثت
٣) انقضت( )	ج. لم يتحرّك بسرعة
٤) ألّف ( )	د. أعلنت أنه ليس معمولاً به
٥) تباطأ ( )	ه. تظاهر بأنه نسى
٦) ألحت ( )	و. تركها لوقت لاحق
٧) ماطل ( )	ز. حصل على مكانة أعلى
٨) تغافل ( )	ح. كرّرت الطلب مرات ومرات
٩) تدرّج ( )	ط. شكّل وكوّن
١٠) دارت ( )	ي. مرّت ومضت

3. Read the following sentences. Then choose the word that corresponds in meaning to the underlined part of each sentence.

ا. حل وسط	( )	١. قامت القوات <u>بتدريبات بالأسلحة الحية</u>.
ب. اغتيال	( )	٢. أخذ المدير <u>رأي</u> موظفيه في المشروع الجديد.
ج. انتفاضة	( )	٣. <u>تولّت</u> الأم مسئولية ابنائها بعد وفاة الأب.
د. مناورات	( )	٤. أصبح الإبن ملكاً <u>بعد تنازل الأب عن العرش</u>.
ه. دستور	( )	٥. <u>اختار</u> الحزب هذا الرجل ليمثله في الانتخابات.
و. وصاية	( )	٦. <u>تنازل الطرفان عن بعض مطالبهما للوصول إلى اتفاق</u>.
ز. استقالة	( )	٧. <u>ترك الرجل وظيفته</u>.
ح. مرشح	( )	٨. <u>قتل المتطرفون أنور السادات</u>.
ط. مشاورات	( )	٩. <u>ثورة الشعب لتحقيق مطالبه</u>.
ي. خلفاً لـ	( )	١٠. <u>يمثل هذا الكتاب النظام الذي تسير عليه الدولة</u>.

4. Read the questions below, scan the Main Text, and write brief answers.

1) Which different constitutions are mentioned in the Main Text?

2) How many governments are mentioned in the Main Text?

3) Why are the British mentioned?

4) How long did Egypt remain without a constitution? Mention the dates.

IV. Main Text.

٣٠ تشرين الثاني (نوفمبر)

إلغاء دستورسنة ١٩٣٠ في مصر

في مثل هذا اليوم، أي في ٣٠ تشرين الثاني (نوفمبر) سنة ١٩٣٤، ألغت وزارة محمد توفيق نسيم باشا في مصر دستور سنة ١٩٣٠ الذي سنّه صدقي باشا، وحلّت مجلسي النواب والشيوخ، وظلت البلاد حوالي ١٣ شهراً بدون دستور وقد انقضت هذه المدة في مشاورات ومناورات بين الملك ورئيس الحكومة، والمندوب السامي البريطاني.

ألف محمد توفيق نسيم باشا وزارته الثالثة في ١٥ تشرين الثاني (نوفمبر) سنة ١٩٣٤ بعد استقالة وزارة عبد الفتاح يحيى باشا التي جاءت بدورها خلفاً لوزارة صدقي باشا، وسارت على سياستها. ولما أراد عبد الفتاح يحيى باشا الوقوف في وجه الانكليز بسبب مسألة الوصاية على العرش، شعر الانكليز فجأة بأنهم أمام مسؤولية كبيرة في تأييد وزارة مشكوك في نزاهتها، وبذلت دار المندوب السامي شتى الجهود لدفع الوزارة إلى الاستقالة ودارت الاتصالات مع الساسة المصريين لتنفيذ التغيير الوزاري المرتقب.

وكان المرشحون لرئاسة الوزارة الجديدة ثلاثة: علي ماهر، وحافظ عفيفي وتوفيق نسيم. أما الاول فكانت ترشحه السراي، والثاني كان يرشحه الانكليز، والثالث كان أقرب زميليه إلى إرضاء الرأي العام، او كان حلا وسطا بين القصر والوفد الانكليزي، خصوصاً وقد عرف عنه انه اشترط لقبول الرئاسة ان يعاد العمل بدستور سنة ١٩٢٣. وفي ٦ تشرين الثاني (نوفمبر) قدم عبد الفتاح يحيى باشا استقالته إلى الملك، وعزا اسبابها إلى تدخل الانكليز في مسألة الوصاية على العرش. فقبل الملك هذه الاستقالة وعهد إلى محمد توفيق نسيم باشا بتأليف الوزارة الجديدة، فألفها في يوم ١٥ منه.

وكان توفيق نسيم من الساسة المخضرمين، وقد تولى رئاسة الوزارة قبل ذلك مرتين. وهو تركي الأصل مصري المولد، تخرج في مدرسة الحقوق وتدرج في وظائف القضاء والإدارة وتولى وزارة الأوقاف في عام ١٩١٩ ثم وزارة الداخلية، ألف وزارته الأولى في سنة ١٩٢٠ خلفاً لثروت باشا فاتهم بأنه عمل على مسخ مشروع الدستور، ولم تدم وزارته الأولى سوى شهرين، وتميزت بتجدد الاغتيالات والاعتقالات.

ولما ألف وزارته الثالثة كانت الأمة تتوقع منه أن يعيد دستور سنة ١٩٢٣ ونظامه النيابي، وتنتظر من الوفد أن يطالبه بذلك، لا سيما أن الوفد أعلن تأييده لوزارة نسيم باشا.

وفي يوم ٣٠ تشرين الثاني، أي بعد أسبوعين اثنين من تأليف الوزارة، صدر أمر ملكي (برقم ٦٧ لسنة ١٩٣٤) بإلغاء دستور صدقي باشا. ولكن هذا الأمر الملكي لم يقض بإعادة دستور سنة ١٩٢٣ بل اكتفى بالنص على إبطال العمل بدستور سنة ١٩٣٠ (أي دستور صدقي باشا) وبحل مجلسي البرلمان القائمين، على أن يظل شكل الدولة ومميزاتها ومصدرالسلطات وتوزيعها، وحقوق المصريين وواجباتهم، كما نص عليها الدستور الأول، وأن يتولى الملك، بواسطة وزرائه، السلطة التشريعية وسائر ما يعود إلى البرلمان من اختصاصات، إضافة إلى السلطة التنفيذية، وذلك إلى أن يوضع نظام دستوري جديد يحل محل النظام الذي ألغاه هذا الأمر.

كان نسيم باشا يتباطأ في الاستجابة لرغبة الأمة في إعادة دستور سنة ١٩٢٣ ونظامه النيابي، وكلما ألحت عليه بالرجوع إلى الحياة النيابية ودستور سنة ١٩٢٣ ماطل وتغافل، وأخذ يحكم الأمة حكماً فرديا غيردستوري.

وقد انتهى الأمر بالنزول على رغبة الشعب بعد انتفاضة وطنية راح ضحيتها كثير من المواطنين، وتقررت العودة إلى دستور سنة ١٩٢٣، وفي ١٢ كانون الأول (ديسمبر) سنة ١٩٣٥ أصدر الملك فؤاد، بناءً على طلب ممثلي الشعب أمراً بالعودة إلى دستور سنة ١٩٢٣.

جريدة «الشرق الأوسط»
بتصرف

V. Post -Text Exercises.

1. Read the questions below, scan the Main Text, and select the correct answer(s).

١) في سنة ١٩٣٤ قامت الحكومة المصرية بـ...

ا. إلغاء قانون تشكيل الحكومة
ب. حل مجلس النواب والحكومة
ج. حل مجلس الشيوخ وتشكيل مجلس جديد
د. إلغاء الدستور

٢) كان توفيق نسيم باشا...

ا. مصري الاصل تركي المولد
ب. وزيرا للاوقاف ووزيرا للداخلية
ج. مسؤولا عن الغاء دستور سنة ١٩٢٨
د. وسيطا بين الانجليز والشعب

٣) استقال عبد الفتاح يحيى باشا بسبب...

ا. تدخل الانجليز في الحكم
ب. إعادة العمل بدستور ١٩٢٣
ج. جهود المندوب السامي البريطاني
د. اتصالاته مع الساسة المصريين

٤) قضى الامر الملكي رقم ٦٧ لسنة ١٩٣٤ على...

ا. بقاء حقوق المصريين وواجباتهم كما هي
ب. بقاء شكل الدولة وسلطاتها كما هي
ج. اعطاء السلطة التشريعية لمجلس الشيوخ والنواب
د. اعطاء السلطة التنفيذية إلى الملك ومجلس الشيوخ والنواب

2. Indicate whether the following sentences are true or false according to the Main Text.

T F ١) جاءت وزارة صدقي باشا خلفا لوزارة عبد الفتاح يحيى باشا.

T F ٢) كان للانجليز يد في استقالة وزارة عبد الفتاح يحيى باشا.

T F ٣) اختير توفيق نسيم باشا رئيساً للوزارة لأن الشعب يؤيده.

T F ٤) كان توفيق نسيم رئيساً للوزارة ثلاث مرات.

T F ٥) أدت الانتفاضة الشعبية إلى إلغاء دستور ١٩٢٣.

3. Arrange the following sentences into a logical outline of the Main Text.

١) ( ) استقالة وزارة صدقي باشا.

٢) ( ) تولى عبد الفتاح يحيى باشا الوزارة.

٣) ( ) دفع المندوب السامي البريطاني الوزارة إلى الاستقالة.

٤) ( ) طلب الملك من توفيق نسيم باشا تشكيل الوزاره الجديدة.

٥) ( ) ألغى الملك دستور صدقي باشا.

٦) ( ) مات كثير من أبناء الشعب أثناء الانتفاضة.

٧) ( ) أعاد الملك العمل بدستور ١٩٢٣.

٨) ( ) حلّ محمّد توفيق باشا مجلسي النواب والشيوخ.

4. Translate the following expressions into English.

١) انقضت هذه المدة في مشاورات ومناورات: _____

٢) جاءت بدورها خلفاً لـ: _____

٣) أراد الوقوف في وجه: _____

٤) شعروا أنهم أمام مسؤولية كبيرة: _____

٥) وزارة مشكوك في نزاهتها: _____

٦) كان أقرب زميليه إلى إرضاء الرأي العام: _____

٧) عزا أسبابها إلى الامر الملكي: _____

٨) اكتفى الامر الملكي بالنصّ على إبطال العمل بـ: _____

٩) حلّت مجلسي النواب والشيوخ: _____

١٠) دستور يحل محل: _____

VI. Supplementary Material.

1. Vocabulary.

المفردات.

Words and expressions in the order in which they appear in the Supplementary Text.

	البارحة = أمس
coalition	ائتلاف
to occupy	شغَل – يشغَل (شُغل)
similar to	مُطابق لـ = مُماثل لـ
portfolio	حقيبة (ج) حقائب
list	لائحة (ج) لوائح = قائمة
standard, norm	معيار (ج) معايير
socialist	اشتراكي (ج) ون

Organizations and official titles.

المنظّمات والألقاب الرّسميّة.

coalition government	حكومة ائتلاف
The Straight Path Party	حزب الطّريق القويم
The Republican People's Party	حزب الشّعب الجمهوري
legislative elections	انتخابات تشريعيّة

Useful Expressions.

عبارات مفيدة.

before the scheduled time, prematurely	قبل الأوان
later	في وقت لاحق

2. Read the questions below, scan the Supplementary Text, and write brief answers.

1) The new Turkish coalition government consists of:

    a.

    b.

2) What is the mission of the new government?

3) According to regulations, each party is responsible for a number of ministries. Find the information from the text.

4) Three of the ministers were not appointed. Why?

5) What did the Turkish president promise to do?

3. Supplementary Text.

تشكيل ائتلاف جديد في تركيا

أنقرة – الفرنسية : شكلت رئيسة وزراء تركيا البارحة الأولى حكومة ائتلاف جديدة بين حزب الطريق القويم(يمين) الذي تتزعمه وحزب الشعب الجمهوري (اشتراكي ديمقراطي). وستكون مهمة هذه الوزارة الجديدة، قيادة البلاد إلى الانتخابات التشريعية التي ستجرى قبل أوانها في كانون الأول (ديسمبر).

وحسب اللائحة التي أعلنت يشغل حزب الشعب الجمهوري ١١ حقيبة وزارية، مقابل ١٨ لحزب الطريق القويم، وهو توزيع مطابق تقريباً لحكومات الائتلاف السابقة بين الحزبين.

وحتى الآن لم يعين وزراء في مناصب الداخلية والعدل والنقل، على أن يتم ذلك في وقت لاحق.

وينص الدستور على أنه في الفترات الانتخابية يتم اختيار من سيتولون هذه الحقائب الثلاث من بين الشخصيات المستقلة، أي من خارج الأحزاب السياسية.

وقدمت اللائحة الجديدة للرئيس التركي الذي وافق عليها. ووعد برفع معايير الديمقراطية، وجعل تركيا بلد الأحرار.

من جريدة «الاقتصادية»
بتصرف

91

SECTION FOUR: DEFENSE AND SECURITY

DEFENSE POLICY AND STRATEGY
دفاع

Lesson 7   **Confirming the Importance of Achieving Arab Reconciliation to Confront the Challenges which the Arab Homeland Faces.**

I. Background Information.

The Middle East has a long history of strategic importance in international affairs. In the past centuries, its crucial location on the trade route between Asia and Europe resulted in increasing European intervention and eventual imperialism. Indeed, the current state system in its existing borders was somewhat arbitrarily designed by European powers in the 1920's, a factor leading to instability and resentment by many of the Arabs. From the beginning of the twentieth century, the discovery of major oil and gas reserves and the increasing needs of industrial societies only reinforced the key strategic dimension of the region. Superpowers vied for local influence during the Cold War, fanning with military and financial aid both intra-Arab and the Arab-Israeli conflicts. Then as oil prices multiplied several fold in the 1970's, immense wealth was transferred to the region, allowing massive arms programs and exacerbating all the existing tensions which climaxed in the two Gulf wars of 1980-88, and 1990-91. A decade after the end of the Cold War, the region is far from being peaceful, due not only to external influences but also to extremism and terrorism within.

II. Vocabulary.   المفردات.

Words and expressions in the order in which they appear in the Main Text.

to name	أطلق – يطلق (إطلاق) على = سمّى
change (n.)	تغيّر (ج) ات
successive, continuous	متلاحق
spirit	روح (ج) أرواح
	دعم = مساندة = تأييد
wave	موجة (ج) ات

93

	غلوّ = تطرّف
practice	ممارسة (ج) ات
alien, foreign	دخيل (ج) دخلاء
tolerant	سمحاء
	مجموعة = جماعة
class	طَبَقة (ج) ات
veil	قِناع (ج) أقنِعة
objective, goal	مأرب (ج) مآرب
to possess	ملك – يملُك (ملك)
terrorist	إرهابي (ج) ون
suspect (n.)	مشبوه (ج) ون
climate	مناخ
to weaken	أضعف – يضعف (إضعاف)
to be hidden, to lie	كمن – يكمُن (كُمون)
	وِفق = حسب
proposals	مقترحات
tragedy	مأساة (ج) مآسٍ
	مسبِّبات = أسباب
	عبر = من خلال = عن طريق
appealing to	الاحتكام إلى
sovereignty	سيادة
island	جزيرة (ج) جُزُر
capital	رأس مال (ج) رؤوس أموال
reviving	تنشيط
bringing about	استصدار
similar one	مثيل (ج) ات
	تفعيل = إجراء
to clash	اصطدم – يصطدم (اصطدام)
to allude to, to hint at	لمّح – يلمّح (تلميح)

incentive	دافِع (ج) دوافع
identity	هُوِيّة

Useful Expressions.   عبارات مفيدة.

whether... or...	سـواءً... أو / أم...
it has a connection with	يمُتّ بصلة
the True Islam	الإسلام الحنيف
sabotage	أعمـال تخريبية
to put an end to	وضع حداً لـ
return to status quo ante	عودة الاوضاع إلى مـا كانت عليه
the private sector	القطاع الخاصّ
the public sector	القطاع العامّ
financial institutions	مؤسّسات مـالية
necessarily	بـالضرورة
definitely	بـالقطع = بـالتأكيد
arousing concern	ملّح للاهتمـام

Notes.

1. Expression of possibility (may or might):

$$\leftarrow \text{present tense verb} + \text{قد} \leftarrow$$

as in: تحديات قد تأتي خارج المنطقة

challenges which may come from outside the region

مقالات قد تكون مفيدة

articles which may be helpful

قد يسافر إلى الخليج.

He may travel to the Gulf.

2. Goal

Many synonyms are used in the media to mean "goal" or "objective". The main ones are:

مأرُب (ج) مآرب
غَرَض (ج) أغراض
هَدَف (ج) أهداف
غاية (ج) ات
قَصْد

III. Pre-Text Exercises.

1. Using the dictionary, fill in the following table as indicated.

Root	Word	Meaning
	وعي	
	توصية	
	أدان	
	إشاعة	
	عانى	

2. Choose the correct synonym for the following words.

١) جهود

ا. انشطة　　ب. مساعٍ　　ج. محاولات　　د. خطوات

٢) ضمّ

ا. شمل　　ب. واجه　　ج. ألغى　　د. دام

٣) أوضاع

ا. وسائل　　ب. أحوال　　ج. أوقات　　د. ضغوط

٤) مساهمة ا. التزام   ب. اشتراك   ج. اعتبار   د. انضمام

٥) هدف   ا. أمل   ب. غرض   ج. رأي   د. وسيط

٦) اشاعة   ا. تحرّك   ب. خفض   ج. نشر   د. اقامة

٧) عدّ   ا. تناول   ب. اعتبر   ج. تطرّق   د. اعتقد

3. Find the English equivalents on the left for the Arabic expressions on the right.

a. to realize some cooperation.   (   )   ١) منطقة خالية من الاسلحة

b. financial institutions.   (   )   ٢) المصلحة المشتركة

c. a region free of weapons.   (   )   ٣) لحل الخلافات

d. the Secretary General's proposals. (   )   ٤) قرارات مجلس الامن

e. to resolve the disagreements.   (   )   ٥) دور فعال

f. confronting the challenges.   (   )   ٦) لتحقيق بعض التعاون

g. tolerant teachings.   (   )   ٧) مؤسسات مالية

h. effective role.   (   )   ٨) مواجهة التحديات

i. the common interest.   (   )   ٩) مقترحات الأمين العام

j. resolutions of the Security Council. (   )   ١٠) تعاليم سمحاء

4. Read the questions below, scan the Main Text, and write brief answers.

1) What did the International Conference on Arab Security call its statement?

2) What did the Conference call for?

3) In the view of the Conference, what weakens the ability of Arab countries to confront internal and external challenges?

4) What kind of economic climate did the Conference advocate?
   (What were the economic recommendations of the Conference?)

5) What must any serious Arab security formula be able to preserve?

IV. Main Text.

في البيان الختامي لمؤتمر الأمن العربي: تأكيد أهمية تحقيق المصالحة العربية لمواجهة التحديات التي يواجهها الوطن العربي

أصدر المؤتمر الدولي الرابع حول الأمن العربي بيانه الختامي مساء أمس واطلق عليه امس «اعلان مؤتمر الدار البيضاء» ودعا فيه الدول العربية الى التحرك لمواجهة التغيرات المتلاحقة التى تطرأ عليها سواء من داخل المنطقة او خارجها.

وطالب المؤتمر المجموعة العربية بأن تعمل بروح من التعاون وبوعى من المصلحة المشتركة والحقائق السياسية والاقتصادية والثقافية والجغرافية والتاريخية على تطوير الامن العربي.

وقد أعلن المؤتمر في توصياته دعمه ومساندته لكل قرارات مجلس وزراء الداخلية العرب للقضاء على موجات الغلو والتطرف ويدين كل ممارساتها ويعتبرها دخيلة على المجتمعات العربية الاسلامية ولا تمت بصلة الى جوهر الاسلام الحنيف وتعاليمه السمحاء كما يدين الجماعات التى تقف وراءها والتي تستغل الطبقات الاجتماعية التي تعيش أزمات سياسية واقتصادية لتحقيق مآربها وأغراضها متخذة من الدين الاسلامي قناعا لأنشطتها ودعا المؤتمر دول العالم الى تبادل ماتملك من معلومات حول الارهابيين وانشطتهم وممارساتهم وعدم استخدام اراضيها كمنطلق لأعمالهم التخريبية وبتسليم المشبوهين والمطلوبين منهم الى دولهم للمساهمة في اشاعة مناخ من التعاون يساهم الى حد كبير في استقرار وأمن العالم.

ويرى المؤتمر أن الخلافات العربية تضعف القدرات على مواجهة التحديات الداخلية والخارجية التي يعاني منها الوطن العربي وركز على أن الحل يكمن في الاسراع بإجراء مصالحة عربية وفق مقترحات الأمين العام للجامعة العربية وأدان المؤتمر أعمال العنف والتطرف التى تواجهها لوضع حد لهذه المآسي وإزالة كل مسبباتها عبر اجراء مصالحات وطنية.

كما أدان محاولات التوتر الجارية في منطقة البحر الأحمر وطالب الاطراف المعنية بالاحتكام الى العقل لحل خلافاتهم الحدودية سلميا وبعودة الاوضاع الى ماكانت عليه قبل ١٥ ديسمبر الماضي كما أعلن المؤتمر تأييده للمساعي السلمية التي تبذلها دولة الامارات العربية المتحدة لاستعادة سيادتها على جزرها المحتلة وطالب ايران بالاستجابة لهذه المساعي.

وطالب المؤتمر المجتمع الدولي بالعمل جديا على جعل الشرق الاوسط منطقة خالية من أسلحة الدمار الشامل.

وعلى المستوى الاقتصادي طالب المؤتمر المسئولين العرب بالعمل على خلق المناخ الذي يشجع رؤوس الأموال العربية المهاجرة واعطاء دور فعال للقطاع الخاص يسهم به في تنشيط الاقتصاد الوطني واستصدار تشريعات توفر للمؤسسات المالية العربية القدرة على منافسة مثيلاتها العالمية.

وطالب المؤتمر الاتحاد الاوروبي - بإعتبار أن اوروبا هي الشريك الطبيعي للعالم العربي - بتفعيل الحوار العربي الاوروبي على المستويات السياسية والاقتصادية والتخلي عن فرض اية شروط مسبقة من شأنها أن تعيق تحقيق هذه الغاية.

ويرى المؤتمر أن الصياغات المطروحة لتحقيق بعض التعاون في المنطقة مثل صيغة «السوق الشرق اوسطية» قد لا تصطدم بالضرورة بوجود إطار عربي للأمن القومي وهي بالقطع لن تكون بديلا للجامعة العربية ففكرة السوق الشرق اوسطية التي يلمح اليها البعض ليست في حالة تحقيقها بشكل متوازن سوى اطار اقتصادي يمكن ان يضم بعض الدول من خارج المجموعة العربية ويعدّ ذلك احد الدوافع العامة الملحة للإهتمام بإيجاد صيغة جادة وفاعلة للأمن العربي بحيث تكون قادرة على الحفاظ على الهوية والمصالح العربية في مواجهة أي اطر أخرى للتعاون في منطقة الشرق الاوسط وكذلك في مواجهة اية تحديات قد تأتي من خارج المنطقة.

من جريدة «الاهرام»
بتصرف

V. Post-Text Exercises.

1. Read the Main Text carefully and then select the appropriate answer(s).

١) أعلن المؤتمر دعمه للقرارات التي تهدف إلى...

ا. القضاء على الازمات السياسية والاقتصادية
ب. القضاء على الاعتقالات
ج. القضاء على التطرف
د. القضاء على قرارات بعض الحكومات الاخرى

٢) ودعا إلى تبادل معلومات حول ‗‗‗‗‗‗ وانشطتهم.

ا. الارهابيين
ب. المعتدلين
ج. المشتركين في المؤتمر
د. المرشحين

٣) ركز المؤتمر على إجراء ‗‗‗‗‗‗ عربية كحل لتقوية القدرات على مواجهة التحديات.

ا. انتخابات
ب. مفاوضات
ج. دراسات
د. مصالحات

٤) أدان المؤتمر محاولات التوتر التي تجري في...

ا. منطقة الخليج
ب. منطقة البحر الاحمر
ج. منطقة شمال افريقيا
د. كل المنطقة العربية

٥) عبر المؤتمر عن دعمه لاستعادة سيادة هذه الدولة على جزرها في الخليج.

ا. سلطنة عمان
ب. قطر
ج. الكويت
د. الامارات العربية المتحدة

٦) طالب مؤتمر الاتحاد الاوروبي بـ ـــــــــ مع الدول الاوروبية.

ا. مفاوضات
ب. مشاورات
ج. ابحاث
د. حوار

2. Fill in the blanks with the appropriate verbs, using the appropriate tense and person.

ادان – دعا – طالب – اصدر – واجه – وقّع – اكّد

١) ـــــــــ منظمة الامم المتحدة بيانا في الأيام القليلة الماضية.

٢) ـــــــــ المؤتمر أعمال العنف والتخريب.

٣) ـــــــــ البلدان العربية كثيراً من الازمات والتحديات.

٤) ـــــــــ المجلس باجراء حوار عربي اوروبي.

٥) ـــــــــ رئيس الجمهورية على اهمية التنمية الاقتصادية.

٦) ـــــــــ رئيس الوزراء إلى فرض حظر على اسلحة الدمار الشامل.

٧) ـــــــــ وزراء الداخلية الاتفاقية نيابة عن حكوماتهم.

3. Indicate whether the following statements are true or false according to the Main Text.

T   F   ١) عُقد المؤتمر الدولي حول الامن العربي في دمشق.

T   F   ٢) دعا المؤتمر إلى جعل المنطقة خالية من اسلحة الدمار الشامل.

T   F   ٤) طالب المؤتمر الاطراف المعنية في منطقة البحر الاحمر بالاحتكام إلى القلب.

T   F   ٥) صرح المؤتمر ان هناك جماعات تستغل بعض الطبقات الاجتماعية.

T   F   ٦) يودّ المؤتمر ان يعطي دورا مهما للقطاع العام في تنشيط الاقتصاد.

T   F   ٧) حسب هذا المقال يجب إيجاد صيغة للأمن العربي تحافظ على الموارد الطبيعية العربية.

4. Indicate whether the words underlined function as a noun, a verbal noun, an adjective, an adverb, or a verb in the following sentences:

١) (   ): لا تتفق حكومات الشرق الاوسط مع الاعمال **التخريبية** الارهابية.

٢) (   ): طالب الاطراف المعنية بالاحتكام إلى العقل لحل خلافاتهم الحدودية **سلمياً**.

٣) (   ): تبذل الامارات العربية المتحدة جهودها لاستعادة **سيادتها** على جزرها المحتلة.

٤) (   ): يعتقد المؤتمر ان الخلافات العربية **تضعف** القدرات على مواجهة التحديات.

٥) (   ): أدان المؤتمر اعمال العنف **لوضع** حد لهذه المآسي.

VI. Supplementary Material.

1. Vocabulary. المفردات.

Words and expressions in the order in which they appear in the Supplementary Text.

to be separate	انفصل – ينفصل (انفصال) عن
	ملائم = مناسب
concept	مفهوم (ج) مفاهيم
following, coming	آتٍ
joining	الانخراط في
infrastructure	بُنية = بنية تحتية
to enable	أهّل – يؤهّل (تأهيل)
to combat	كافح – يكافح (مكافحة)
concentration	تكثيف
forum	محفل (ج) محافل
controlling	ضبط
armament	تسلّح
water	ماء (ج) مِياه
infringing upon	المساس بـ
seriousness	خطورة
to be raised	أُثيرَ – يُثار
concluding	إبرام
eagerness to	حِرص على
rejected	مرفوض
to be effective or valid	سرى – يسري (سَرَيان) بـ
to adopt	تبنّى – يتبنّى (تبنٍّ)
installation, facility	مُنشأة (ج) مُنشآت
control, supervision	رِقابة
atomic	ذرّي

Useful Expressions.　　　　　　　　　　　　　　　　عبارات مفيدة.

an indivisible whole	كلّ لا يتجزّأ
even though, even if	وإنْ
effectively	بفاعلية = بفعالية
for the purpose of	من أجل
the neighboring countries	
	دول الجوار الجغرافي = الدول المجاورة
either... or...	سواءً... أو...
in view of	نظراً لـ
disarmament	نزع السلاح
in isolation from	بمعزل عن

Notes.

1.　　Adjectival idafas.　　　　　　← def. noun + indef. adjective ←

　　　as in:　obligations which must be carried out 　　التزامات واجبة النفاذ
　　　　　　permanent member countries 　　　　　　دول دائمة العضوية

2. Read the questions below, scan the Supplementary Text, and write brief answers.

　　1) What are the bases and principles behind the Arab strategy for national security?
　　　List at least five.

　　　　a.

　　　　b.

　　　　c.

　　　　d.

　　　　e.

2) The Council confirmed its support for any disarmament proposals which...

        a. are submitted by member countries.

        b. provide security for all.

        c. lead to a mutual security arrangement.

        d. oblige member countries not to violate the security agreements.

3) What is the Council calling on the international community to do?

4) What is the Council calling on Israel to do?

3. Supplementary Text.

الأمن القومي العربي والاستراتيجية المطلوبة

اكد مجلس الشعب المصري في مناقشاته ان الامن القومي العربي كل لا يتجزأ، وان أمن مصر لاينفصل عن أمن أمتها، وإن اتفاقية الدفاع العربي المشترك لاتزال تشكل صيغة ملائمة، وإنْ كانت تحتاج الى تفعيل بعض بنودها.

ويرى المجلس ان الاستراتيجية العربية للامن القومي بمفهومه الشامل يتعين ان ترتكز على الأسس والمبادئ الآتية:

- ضرورة امتناع الدول العربية عن الدخول في إتفاقيات تتعارض مع ميثاق الجامعة العربية او الانخراط في أحلاف عسكرية مع دول اجنبية،
- البدء في اقامة بنية الامن القومي العربي ومدها بالامكانات التي تؤهلها لأداء واجبها بفاعلية حتى يتحقق الامن بالقدرات الذاتية العربية.
- اقرار استراتيجية عربية لمكافحة الارهاب
- اعلان مبدأ احترام استقلال الدول وسلام اراضيها وسيادتها وعدم التدخل في شئونها الداخلية، ووضع الضمانات وتحديد الالتزامات.
- توحيد وتكثيف الضغوط الدبلوماسية في المحافل الدولية والاقليمية والاتصالات الثنائية من أجل جعل الشرق الاوسط منطقة خالية من كل اسلحة الدمار الشامل، ومن اجل التوصل الى اتفاقيات متوازنة لضبط التسلح التقليدي في المنطقة.
- التوصل الى صيغة مناسبة لادارة علاقات الدول العربية مع دول الجوار الجغرافي وتسوية المشكلات القائمة بينها تسوية عادلة بالطرق السلمية، وبخاصة مشكلات الارض والمياه والتصدي لأى محاولات من جانبها للمساس بالامن القومي العربي الشامل.
- العمل على تسوية اي نزاعات او خلافات في المنطقة، سواء كانت بين اطراف عربية او بين اطراف عربية وغيرها سواء من داخل المنطقة او خارجها بالطرق السلمية، نظرا لخطورة استمرارها على الامن القومى والمصالح العربية.

وتابع المجلس باهتمام بالغ كل ما يثار بشأن ابرام اتفاقات امنية بين بعض دول الجوار الجغرافي واطراف من داخل المنطقة، وأكّد حرصه على ألا تشكل أي من هذه الاتفاقيات أي شكل من اشكال التهديد للغير، أو العودة بالمنطقة الى سياسات الاحلاف المرفوضة.

وأعرب عن ارتياحه للنتائج التي توصل اليها وزراء الداخلية العرب خلال اجتماعاتهم بشأن اقرار الاستراتيجية العربية لمكافحة الارهاب واتخاذ موقف موحد من أية دولة لا تلتزم بتطبيق بنود هذه الاستراتيجية. وأكد مساندته لأي مقترحات لنزع السلاح يكون من شأنها توفير الأمن للجميع من خلال التزامات متقابلة وواجبة النفاذ، وتسري بمعيار واحد على المستوى الاقليمى. واكد انه لايمكن التعامل مع اتفاقية حظر الاسلحة الكيماوية والبيولوجية بمعزل عن جهود ازالة بقية اسلحة الدمار الشامل، وعلى رأسها الاسلحة النووية ولا يصبح الهدف من نظام منع الانتشار النووي فرض القيود على البعض لصالح البعض الآخر. وطالب المجتمع الدولي عامة والدول دائمة العضوية بمجلس الامن خاصة، والتي تبنت القرار الخاص بالشرق الاوسط باتخاذ خطوات محددة لبدء انشاء منطقة خالية من الاسلحة النووية في الشرق الأوسط، وفقا للمبادرة المصرية في هذا المجال. وطالب اسرائيل بالانضمام الى معاهدة منع الانتشار النووي والقبول باخضاع منشآتها النووية لرقابة الوكالة الدولية للطاقة الذرية.

من جريدة «الاهرام»
بتصرف

SECTION FOUR :   DEFENSE AND SECURITY

NON-PROLIFERATION
منع انتشار اسلحة الدمار الشامل

Lesson 8   **The French President and the U.N. Secretary General Call for the Elimination of All Chemical Weapons.**

I. Background Information.

Chemical weapons control has become a paramount issue in the Middle East and North Africa in recent years. It was reported that chemical weapons were used by the Iraqi government against the Kurds and during the Gulf War and that a very large chemical weapons facility had been built in Libya. With regard to nuclear weapons, Egypt and other Arab countries are anxious to conclude a nuclear weapons ban treaty with Israel, the only country in the Middle East area known to possess nuclear weapons.

II. Vocabulary.   المفردات.

Words and expressions in the order in which they appear in the Main Text.

	جهة (ج) ات = جانب (ج) جوانب
to be incumbent upon	يتعيّن على = يجب على
occurence	حُدوث
imbalance	خَلَل
balance	ميزان (ج) موازين
	بالفعل = فعلاً
subjecting	إخضاع
to be suspected	أُشتُبِه – يُشتَبَه (اشتباه) بـ
strict	صارم
court	محكمة (ج) محاكم

107

to be considered (pass.)	عُدَّ- يُعَدُّ = أُعْتُبِرَ
alternative	بَديل (ج) بدائل
	قَصْد = هَدَف = غاية
ratification	التصديق على
prestige	هَيْبَة
joining	الانضمام إلى
authority, reference	مرجع (ج) مراجع
speeding up, accelerating	تعجيل
	الجاري = الحالي = الحاضر
push (forward)	دَفعة
getting rid of	التخلّص من

Useful Expressions. **عبارات مفيدة.**

weapons ban	حَظْر الأسلحة
to impose restrictions on	فرض قيوداً على
through	من خِلال
disarmament	نزع السلاح
the means of guaranteeing...	السّبل الكفيلة بـ...
the transitional period	الفترة الانتقالية
to attach great importance to	علّق أهمّية كبرى على
high level (adj. idafa)	رفيع المستوى
given the fact that it...	باعتباره
under the supervision of	تحت إشراف
on the part of, by	من قِبَل
based on (accusative of cause)	استناداً إلى
will not... except; will... only	لن... إلا

Organizations & Official Titles.   المنظّمات والألقاب الرّسميّة.

General Assembly   الجمعيّة العامّة

Notes:

1.   Accusative of specification: « التمييز »

   ← indefinite accusative verbal noun + أفعل + noun ←

   as in: stricter controls   قيود أشدّ صرامةً

2.   Use of the "dummy pronoun" to separate the conjunction إنّ from the verb.

   as in: Paragraph 2, lines 1 & 3:   إنّهُ

3.   ← verbal noun + intransitive verb ←

   as in: يجب إيجاد السبل التي يتم خلالها تدمير الاسلحة
   the means must be found through which the weapons will be destroyed
        يجب إخضاع شركات الكيماويات لـ...
   the chemical companies must be subjected to

4.   Haal clause.

   ← accusative active participle or present tense verb + past tense verb ←

   as in: He said... referring to the fact that...   قال... مشيراً إلى أن
   He went on to say...   استطرد قائلا

5.   This Paris Conference   مؤتمر باريس هذا
   This is the Paris Conference   هذا مؤتمر باريس

III. Pre-Text Exercises.

1. Choose the correct synonym for the following words.

١. **حَظْر**

ا. موافقة　　ب. قبول　　ج. رفض　　د. منع

٢. **ضمان**

ا. تأمين　　ب. إيجاد　　ج. تشكيل　　د. تغيير

٣. **استخدام**

ا. تدمير　　ب. إزالة　　ج. منع　　د. استعمال

٤. **منظّمة**

ا. وكالة　　ب. جامعة　　ج. هيئة　　د. معهد

٥. **اتّفاق**

ا. معاهدة　　ب. تقرير　　ج. قرار　　د. موعد

2. Attempt to discover the English equivalents of the following words by pronouncing them phonetically. If that fails, look them up in an Arabic-English dictionary.

١) كيماوي: ______________　　٢) بروتوكول: ______________

٣) جنيف: ______________　　٤) سلطنة: ______________

٥) سكرتير: ______________　　٦) قانوني: ______________

3. Using the dictionary, fill in the following table as indicated.

Root	Form	Verb (weak)	Meaning	Verbal Noun
		دعا		
		ينبغي		
		تسنّى		
		أضاف		

4. Skim paragraphs 1, 2, 4, and 7. Then match each of the following ideas with the paragraph(s) in which they appear.

a. (   )   imposing stricter controls on chemical companies

b. (   )   creating a comprehensive world system to destroy chemical weapons

c. (   )   achieving security for everyone

d. (   )   reaching an agreement which prohibits the manufacture, transport, and use of chemical weapons

IV. Main Text.

المؤتمر الدولي لحظر الأسلحة الكيماوية يبدأ اجتماعاته بباريس

الرئيس الفرنسي والسكرتير العام للأمم المتحدة يدعوان لإزالة جميع الأسلحة الكيماوية

باريس- (وكالات) : دعا الرئيس الفرنسي امس لفرض قيود اشد صرامة على الصناعة الكيماوية لضمان عدم انتاج أسلحة كيماوية وكان الرئيس الفرنسي قد افتتح امس المؤتمر الدولي لحظر الأسلحة الكيماوية الذي تشارك فيه سلطنة عمان وممثلو ١٤٤ دولة منهم ٨٠ وزير خارجية.

وقال الرئيس الفرنسي انه ينبغي النظر في فرض الحظر على الاسلحة الكيماوية من خلال الاطار الأوسع لجهود نزع السلاح وانه لن يتسنّى تحقيق الأمن للجميع إلا بإزالة جميع الاسلحة الكيماوية.

واضاف الرئيس الفرنسي قائلاً : انه لضمان تحقيق ذلك يجب ايجاد السبل الكفيلة بالتأكد من عدم وجود أسلحة كيماوية لدى أي جهة. ويتعين على جميع الاطراف التأكد من عدم حدوث خلل في الموازين العسكرية خلال الفترة الانتقالية التي يتم خلالها تدمير الأسلحة الكيماوية الموجودة بالفعل.

وقال الرئيس الفرنسي انه يجب اخضاع شركات الكيماويات التي يشتبه بأنها تقوم بإنتاج أسلحة كيماوية لقيود صارمة.

واستطرد الرئيس الفرنسي قائلا : ان مؤتمر باريس ليس (محكمة) ولا يعد بديلا عن محادثات نزع السلاح في جنيف لكن القصد منه هو التصديق على بروتوكول جنيف لعام ١٩٢٥ الذي يحظر استخدام الأسلحة الكيماوية.

وفي كلمة بالجلسة الافتتاحية قال سكرتير عام الامم المتحدة ان المنظمة الدولية تعلق اهمية كبرى على هذا المؤتمر لانه يعزز هيبة بروتوكول جنيف لعام ١٩٢٥ حول حظر استخدام الاسلحة الكيماوية مشيرا الى ان حضور هذا العدد الكبير من الوفود العالمية رفيعة المستوى يؤكد اهتمام الاسرة الدولية بهذا الموضوع.

وأكد السكرتير العام اهمية انضمام الدول التي لم توقع على بروتوكول جنيف إليه باعتباره مرجعا اساسيا لحظر استخدام الأسلحة الكيماوية ... كما دعا الى ايجاد نظام عالمي شامل لتدمير هذه الأسلحة تحت إشراف دولي مشيرا الى ان الجمعية العامة للأمم المتحدة دعت في دورتها الاخيرة الى التعجيل في المفاوضات الجارية في جنيف منذ عام ١٩٨٠ والوصول الى اتفاق يحظر صناعة ونقل واستخدام الاسلحة الكيماوية.

واعتبر سكرتير عام الامم المتحدة مؤتمر باريس هذا دفعة مهمة لمفاوضات جنيف وتعبيرا عن الارادة السياسية الدولية لبذل جهود من قبل جميع الدول لوضع الاطارات القانونية الدولية المناسبة للتخلص من هذه الاسلحة استنادا إلى بروتوكول جنيف لعام ١٩٢٥.

من جريدة «عُمان»
بتصرف

V. Post- Text Exercises.

1. Read the Main Text carefully and then select the appropriate answer(s).

١) يجب اتخاذ الخطوات التالية لتحقيق هدف الرئيس الفرنسي...

ا. اخضاع شركات الكيماويات لقوانين صارمة ومنع انشاء شركات كيماويات جديدة

ب. اخضاع شركات الكيماويات لقيود صارمة والتأكد من عدم وجود اسلحة كيماوية لدى أي جهة

ج. انتاج أسلحة كيماوية جديدة وانشاء منظمة جديدة تشرف على انتاج وتصدير الأسلحة الكيماوية

د. تدمير كل الأسلحة الكيماوية في فترة شهرين وفرض حظر كامل على انتاجها بعد هذه الفترة

٢) يقول الرئيس الفرنسي ان الهدف من مؤتمر باريس...

ا. مناقشة بروتوكول جنيف لعام ١٩٢٥

ب. مناقشة جميع انواع الأسلحة والأسلحة الكيماوية بشكل خاص

ج. التوصل إلى اتفاق بشان منع استخدام الأسلحة الكيماوية

د. الاتفاق على بروتوكول جنيف لعام ١٩٢٥

٣) يقول السكرتير العام ان اهداف الاتفاق ستتحقق عن طريق...

ا. إجراء مفاوضات ثنائية

ب. إجراء محادثات مع الدول المعنية بالامر

ج. تعزيز هيبة بروتوكول جنيف لعام ١٩٢٥

د. إنشاء نظام دولي شامل

٤) دعت الجمعية العامة للأمم المتحدة إلى الإسراع بالمفاوضات الجارية في جنيف التي تهدف إلى...

ا. اتفاق يمنع استخدام كل أسلحة الدمار الشامل

ب. معاهدة تعقد السنة القادمة

ج. اتفاق يمنع إنتاج ونقل واستخدام الأسلحة الكيماوية

د. اتفاق يمنع فقط استخدام الأسلحة الكيماوية

٥) يعد السكرتير العام مؤتمر باريس...

ا. ناجحاً
ب. غير ناجح
ج. غير مفيد
د. بديلا عن المحادثات الجارية في الجمعية العامة

2. Fill in the blanks with the appropriate verbs, using the appropriate tense and person.

أضاف – افتتح – اعتبر – أشار – يجب – افتتح

١) ________ الرئيس الفرنسي المؤتمر الدولي لحظر الأسلحة الكيماوية.

٢) ________ سكرتير عام الأمم المتحدة مؤتمر باريس هذا دفعة مهمة لمفاوضات جنيف.

٣) ________ إخضاع شركات الكيماويات لقيود صارمة.

٤) ________ قائلاً ان إزالة كل الاسلحة الكيماوية ستحقق الأمن للجميع.

٥) ________ السكرتير العام إلا ان الجمعية العامة دعت إلى التعجيل في المفاوضات الجارية في جنيف.

3. Indicate whether the following sentences are true or false according to the Main Text.

١. دعا السكرتير العام لفرض قيود أقل على الصناعة الكيماوية.	F	T
٢. يعتبر السكرتير العام مؤتمر باريس مهما جداً.	F	T
٣. يشارك في هذا المؤتمر ممثلو ١٥٤ دولة.	F	T
٤. ان الهدف من هذا المؤتمر نزع السلاح بشكل عام.	F	T
٥. دعا السكرتير العام إلى إيجاد نظام عالمي تحت إشراف دولي.	F	T

4. Complete the following sentences with the most appropriate prepositional phrase.

١) ينبغي النظر لفرض الحظر ... ( )

٢) يجب إيجاد السبل الكفيلة بالتأكد ... ( )

٣) يجب اخضاع شركات الكيماويات ... ( )

٤) يؤكد حضور هذا العدد الكبير من الوفود العالمية اهتمام الأسرة الدولية... ( )

٥) يعزز هذا المؤتمر هيبة بروتوكول جنيف لعام ١٩٢٥... ( )

ا. من عدم وجود اسلحة كيماوية.

ب. بموضوع إزالة جميع الأسلحة الكيماوية.

ج. لقيود صارمة.

د. حول حظر استخدام الاسلحة الكيماوية.

ه. على الاسلحة الكيماوية.

5. Choose the best summary of the Main Text.

١) انعقد المؤتمر الدولي لحظر الأسلحة الكيماوية بباريس. وألقى خلاله كل من الرئيس الفرنسي وامين عام الجامعة العربية كلمة أكدا فيها على إزالة جميع الأسلحة الكيماوية في منطقة الشرق الأوسط وشمال افريقيا والاتفاق علي معاهدة السلام ودعيا إلى إجراء مزيد من المفاوضات كالوسيلة الوحيدة لتدمير هذه الاسلحة.

٢) انعقد المؤتمر الدولي لحظر الاسلحة الكيماوية بباريس وحضره عدد من الوفود العالمية. دعا الرئيس الفرنسي إلى عقد اتفاق جديد على حظر الاسلحة الكيماوية وإلى التأييد من الحكومة الامريكية ودعا السكرتير العام إلى مزيد من المفاوضات الثنائية لتدمير هذه الاسلحة ففي رأيه ان مؤتمر باريس لم يكن مفيدا.

٣) انعقد المؤتمر الدولي لحظر الأسلحة الكيماوية بباريس. ودعا خلاله الرئيس الفرنسي إلى فرض قيود على الصناعة الكيماوية والتأكد من عدم وجود أسلحة كيماوية لدى أي جهة والتصديق على بروتوكول جنيف لعام ١٩٢٥. ودعا سكرتير عام الامم المتحدة في كلمته إلى إيجاد نظام عالمي لتدمير هذه الأسلحة واعتبر مؤتمر باريس هذا دفعة مهمة لمفاوضات جنيف.

VI. Supplementary Material.

1. Vocabulary. المفردات.

Words and expressions in the order in which they appear in the Supplementary Text.

pressure	ضغط (ج) ضغوط
voting	تصويت
passing	تمرير
colleague	قرين (ج) أقران = زميل (ج) زملاء
effectiveness	سرَيان
storing	تخزين
shortly before	قُبَيْلَ
victory	انتصار (ج) ات
battle	معركة (ج) معارك
to arise, to be stirred up	ثار - يثور (ثورة)
alliance	تحالُف
sensitive	حسّاس

Organizations and Official Titles. **المنظّمات والألقاب الرّسميّة.**

(Army) Chief of Staff	رئيس الأركان (بالجيش)

Useful Expressions. **عبارات مفيدة.**

until	إلى أنْ = حتّى
would make it a state	من شأنه أن يجعلها دولة
if... ever	إذا ما
in his second term of office	في فترة ولايته الثانية
momentum	قوّة دفع

2. Read the questions below, scan the Supplementary Text, and write brief answers.

1) How many votes were required to pass the Chemical Weapons Treaty in the U.S. Senate?

2) According to this article, for whom is this a foreign policy victory?

3) What does this treaty prohibit with regard to chemical weapons?

4) What did the President promise the Republican majority leader?

3. Supplementary Text.

مجلس الشيوخ الأمريكي يوافق على معاهدة الأسلحة الكيماوية

وافق مجلس الشيوخ الامريكي على المعاهدة الدولية لحظر الأسلحة الكيماوية وذلك بعد ضغوط من البيت الابيض للتوقيع على تلك المعاهدة.

وجاءت نتيجة التصويت على المعاهدة بموافقة ٧٤ صوتاً مقابل ٣٧ صوتاً معارضاً أي ما يزيد بسبعة اصوات عن اغلبية الثلثين المطلوبة لتمرير الموافقة على المعاهدة.

وقد قضى أعضاء مجلس الشيوخ الليلة الماضية ساعات عدة في مناقشة بنود وتفاصيل المعاهدة إلى أن طلب سناتور من ولاية (نورث كارولينا) التصويت النهائي على المعاهدة.

وكان الرئيس الامريكي قد بذل جهوداً كبيرة ومحادثات مكثفة من اجل إقناع مجلس الشيوخ بالتصديق على المعاهدة والتي قال عنها بأن عدم توقيع الولايات المتحدة عليها من شأنه أن يجعلها في نظر العالم دولة مثل العراق وليبيا على حد قوله.

واستطاعت ادارة الرئيس الامريكي عقب المزيد من المحادثات اقناع زعيم الجمهوريين في المجلس بالاختلاف مع أقرانه المحافظين وتأييد المعاهدة.

وتهدف المعاهدة التي يبدأ سريانها يوم الثلاثاء المقبل إلى حظر انتاج وتخزين ونقل واستخدام الأسلحة الكيماوية على مستوى العالم.

وقد أعرب الرئيس الامريكي في رسالة وجهها إلى زعيم الاغلبية الجمهورية في مجلس الشيوخ أمس قبيل التصويت على المعاهدة عن استعداده للانسحاب من المعاهدة إذا ما اخفقت في منع انتشار الأسلحة الكيماوية المحظورة في العالم.

وقال زعيم الاغلبية الجمهورية بدوره إنه وجد في رسالة الرئيس الامريكي (التزاماً صارماً) ازاء الموقف الامريكي بشأن الانسحاب من المعاهدة في حال فشلها في منع انتاج وتخزين الأسلحة الكيماوية.

ويجيء اقرار مجلس الشيوخ الامريكي لمعاهدة بشأن الاسلحة الكيماوية أول انتصار كبير للرئيس الامريكي في السياسة الخارجية في فترة ولايته الثانية ويأمل أن يعطيه قوة دفع في معارك أخرى قادمة.

وقد تمكن الرئيس الامريكي الذي اعتمد على تأييد جمهوريين مثل زعيم الاغلبية السابق في مجلس الشيوخ ورئيس الأركان السابق للجيش الامريكي من إقناع عدد كاف من الجمهوريين المعتدلين بالوقوف إلى جانبه لكي يقر مجلس الشيوخ بذلك معاهدة حظر الأسلحة الكيماوية بموافقة ٧٤ صوتاً مقابل ٢٦ صوتاً رافضاً.

وقال مسؤول في البيت الابيض إن هذه النتيجة «مهمة للغاية لأنها تدل على وجود تحالف وسط من الحزبين يمكن أن يتحد في قضايا سياسة خارجية حساسة.

من جريدة «الرياض»

بتصرف

SECTION FIVE: ENERGY AND ENVIRONMENT

ENERGY
طاقة

Lesson 9   **Experts Expect Oil Prices to Increase to $50 Per Barrel over the Next Two Decades.**
Increasing Investment in the Oil Industry the Only Solution to Guarantee Price Stability.

I. Background Information.

Although OPEC countries possess about two-thirds of known world oil reserves (of which almost half is known to exist in the Middle East), non-OPEC producers have come to play a major role on the oil market since 1982, with new massive resources in Central Asia made available after the breakup of the Soviet Union. As a result, the demand for OPEC oil remains well below the capacity of OPEC producers, and revenues do not meet the needs of the governments of OPEC countries. Experts have predicted, however, that oil supply, which is currently in excess despite the steadily increasing global demand for it, will be more closely in line with demand by 2010. In the interim, the oil-producing countries of the Middle East are attempting to diversify their economies so that they will not be so dependent on one source of income which will become exhausted anyway sometime in the twenty-first century.

II. Vocabulary.   المفردات.

Words and expressions in the order in which they appear in the Main Text.

decade	عقد (ج) عقود
to watch, to observe	رصد – يرصُد (رصد)
	جوهري = أساسي
headquarters	مقرّ (ج) مقارّ
ceiling	سقف (ج) سُقوف
quota	حِصّة (ج) حصص = نصيب

119

exceeding, surpassing	تجاوز
extent	مدى
sincerity	صِدق
binding, obligatory	مُلزِم
seizing	الاستحواذ على
resulting from	ناجم عن
insufficiency	قِلّة
derivatives	مشتقّات
to emerge	برز – يبرُز (بروز)
reserves	احتياطات
decline	انخفاض
sharp	حادّ
theory	نظرية (ج) ات
luxury	ترفيه
to enjoy	نعم – ينعُم (نعمة) بـ
truck	شاحنة (ج) ات
productivity	إنتاجية
bicycle	درّاجة (ج) ات
to be applied to	انطبق – ينطبق (انطباق) على
to be limited	اقتصر – يقتصر (اقتصار)
obstacle	عائق (ج) عوائق
flow	تدفُّق
struggle	صراع (ج) ات

Organizations and Official Titles.   المنظّمات والألقاب الرّسميّة.

Minister of Petroleum and Natural Resources	وزير البترول والثروة المعدنية
OPEC	منظّمة الدول المصدّرة للنفط = اوبك

Useful Expressions.

عبارات مفيدة.

because	حَيث أنّ
	من المتوقع = من المنتظر
	رغم = بالرغم = على الرغم من
supply and demand	العرض والطلب
in light of	على ضوء...
although...	مع أنّ... إلا أنّ...
it is unlikely	من غير المحتمل
on the part of, by	من قِبَل
to deem unlikely or far-fetched	استبعد – يستبعد (استبعاد)
census, population	التعداد السكّاني = عدد السكّان
increasing	الآخذ في التزايد
voraciously	بشراهة
unrivaled, unequaled	منقطع النظير
in support of, in order to strengthen	دعماً لـ
in order to improve	تحسيناً لـ

Notes.

1. In general

There are many synonyms possible to convey that meaning:

بشكل عامّ
عامّةً
عموماً
بصورة عامّة
بصفة عامّة

III. Pre-Text Exercises.

1. Using the dictionary, fill in the following table as indicated.

Root	Word	Meaning
	بادر	
	تسارع	
	ابتلع	
	تواجَد	

2. Find the English equivalent on the left for the Arabic expressions on the right.

a. quantities of oil	( )	١) على ضوء التقارير
b. in order to improve the performance level of energy	( )	٢) مقر المنظمة
c. transportation	( )	٣) حجم الاستهلاك العالمي
d. in light of the reports	( )	٤) المصادر المقربة من الاجتماع
e. headquarters of the organization	( )	٥) قرارات حاسمة
f. the volume of world consumption	( )	٦) ما يقرب ٥٠ دولاراً
g. it is not possible to believe it	( )	٧) لا يمكن التصديق به
h. approximately $50	( )	٨) وسائل المواصلات
i. the sources close to the meeting	( )	٩) كميات من النفط
j. decisive decisions	( )	١٠) تحسيناً لمستوى اداء الطاقة

3. Choose the correct synonym for the following words in bold.

١) **مقر** المنظمة

ا. مجال　　ب. مركز　　ج. دكّان　　د. .منشأة

٢) **عقد**

ا. خمس سنوات　　ب. .سنتان　　ج. نصف قرن　　د. عشر سنوات

٣) **صراع**

ا. معركة　　ب. نزاع　　ج. انتفاضة　　د. فوضى

٤) **احتياطات** النفط

ا. مخزون　　ب. موارد　　ج. حقول　　د. تعاملات

٥) **حصص**

ا. أسعار زائدة　　ب. كمية محددة　　ج. كمية زائدة　　د. أسعار محددة

4. Find the synonyms on the left for the Arabic words and expressions on the right.

١) بترول	( )	ا. دول
٢) حيث ان	( )	ب. وسائل
٣) سبل	( )	ج. بيان
٤) مناقشات	( )	د. من المتوقّع
٥) بشكل عامّ	( )	ه. نفط
٦) بلدان	( )	و. عامّة
٧) تصريح	( )	ز. محادثات
٨) اتّخاذ	( )	ح. الاعتقاد بـ
٩) من المنتظر	( )	ط. تبنٍّ
١٠) التصديق بـ	( )	ي. لأنّ

5. Read the questions and statements below, scan the Main Text, and answer the questions.

1) Which statement best characterizes the prospects of OPEC's cooperation with non-member oil producing countries?

    a. Such cooperation is not possible.
    b. Such cooperation is unlikely.
    c. Such cooperation should increase after the oil producing countries become members of OPEC.
    d. Such cooperation will increase as all parties concerned deem it in their interest.

2) In paragraph 2, the Oil ministers discussed all of the following except...

    a. cooperation among the oil producing countries
    b. new products and derivatives
    c. the general situation of the market
    d. supply and demand

3) What caused the increase in world energy consumption (paragraph 2)?

4) Do all experts agree that there will be a shortage of oil and insufficient reserves?

IV. Main Text.

الخبراء يتوقعون ارتفاع أسعار النفط إلى ٥٠ دولاراً للبرميل خلال العقدين القادمين
زيادة الاستثمار في الصناعة النفطية الحل الوحيد لضمان استقرار الأسعار

من المقرر ان يختتم وزراء البترول والثروة المعدنية في الدول المصدرة للنفط "أوبك" اجتماعهم الـ ٩٩ هذا اليوم الأربعاء ويصدروا بياناً لنتائج اجتماعهم. وترصد الأسواق النفطية هذا الاجتماع بكل اهتمام حيث انه من المتوقع ان تشهد بعد ذلك تغييراً في الأسعار في حالة اتخاذ الوزراء لقرارات حاسمة وجوهرية إلا ان المصادر المقربة من الاجتماع في مقر المنظمة لا تتوقع ان يتم تغيير في سقف الانتاج أو الحصص رغم مطالبة بعض الدول الأعضاء في زيادة حصتها.

وقد شهد يوم أمس مناقشات لمواضيع تتعلق بالتزام بعض الدول الأعضاء بالحصص المقررة وعدم تجاوزها وكذلك سبل التعاون مع الدول المنتجة للنفط من خارج "أوبك" ومدى صدقها في هذا التعاون وإلى أي مدى يصل هذا التعاون كما شملت المناقشات العرض والطلب ووضع السوق بشكل عام على ضوء التقارير والدراسات التي قدمها الخبراء في المنظمة. ومع انه من غير المحتمل الوصول إلى اتفاق ملزم بين دول المنظمة والمنتجين من خارج "أوبك" إلا ان المحاولات تبذل من قبل المنظمة لاقناع هذه الدول بالمحافظة على استقرار الأسواق النفطية. واستبعد الخبراء النفطيون تعاون هذه الدول مع المنظمة في هذه الخطوة وخاصة بلدان بحر الشمال التي سوف تبادر إلى زيادة انتاجها والاستحواذ على حصة المنظمة الاضافية الناجمة عن زيادة حجم الاستهلاك العالمي من النفط بسبب موسم الشتاء البارد.

وتوقع خبراء نفطيون في تصريحات صحفية ان تزيد أسعار النفط إلى ما يقرب ٥٠ دولاراً للبرميل الواحد خلال العقدين القادمين وعزوا ذلك إلى قلة الاستثمارات في الصناعات النفطية وزيادة الطلب العالمي على النفط والغاز الطبيعي وقالوا أيضا ان التسارع في التنمية وزيادة الصناعات التي تعتمد على المشتقات النفطية اضافة إلى التعداد السكاني الآخذ في

التزايد. ومع زيادة الأسعار تبرز مشكلة مقابلة الطلب العالمي حيث ان دول "الأوبك" قد لا تستطيع توفير هذه الكميات بمفردها أمام عجز الدول المنتجة للنفط من خارج "أوبك" حيث ان الاحتياطات من هذه الدول بادية بالاتجاه إلى الانخفاض الحاد والبعض الآخر مثل بحر الشمال هي الأخرى ستتوقف عن الانتاج. إلا ان بعض الخبراء يقول إن ذلك نظريات ولا يمكن التصديق بها وان هناك احتياطات كثيرة في العالم لم يتم التوصل إليها بعد. ويشير الخبراء إلى ان العالم يستهلك النفط بشراهة منقطعة النظير بسبب الثورة التكنولوجية. وتؤكد وسائل الترفيه التي ينعم بها العالم من سيارات وشاحنات وطائرات ان العالم سيبتلع كميات من النفط أكبر من انتاجيته الحالية وهذا مما دفع كثيراً من الدول من بينها اليابان والصين إلى التركيز على صناعة وسائل المواصلات التي لاتعتمد على النفط مثل الدراجات العادية. ويذكر الخبراء النفطيون ان الدول المنتجة للنفط تستهلك معظم انتاجها من النفط وهذا ربما ينطبق على الدول الأعضاء من منظمة "أوبك" فاندونيسيا العضو في "أوبك" مثلاً تستهلك ٦٥٪ من انتاجها النفطي.

ويؤكد الخبراء ان الدول المنتجة للنفط يجب ان تدفع مبالغ استثمارية لتحسين انتاجياتها من النفط واستغلال الفرص الاستثمارية في جميع مصادر الطاقة دعماً لاستقرار الأسعار وتحسينا لمستوى أداء الطاقة الانتاجية للبترول والغاز الطبيعي الذي بدأت بعض الدول في استغلاله ولا تقتصر العوائق أمام تقدم الصناعات النفطية عند حد عدم تدفق المبالغ لدعمها وانما هناك وجود بعض الصراعات السياسية في المواقع التي تتواجد فيها حقول النفط والغاز مثل الاتحاد السوفيتي السابق.

من جريدة «الرياض»
بتصرف

125

V. Post-Text Exercises.

1. Read the Main Text carefully and then select the appropriate answer(s).

١) يُنتظر بعد انتهاء اجتماع وزراء النفط في حالة اتخاذ الوزراء لقرارات حاسمة...

ا. تغيير في سقف الانتاج
ب. تغيير في حصص الدول
ج. تغيير في الاسعار
د. تغيير في عدد الاعضاء في منظمة اوبك

٢) في رأي الخبراء ستزداد اسعار النفط في العقدين المقبلين بسبب...

ا. قلة احتياطات النفط وانتاجه في الشرق الاوسط
ب. ارتفاع الطلب العالمي على النفط
ج. وجود عوائق امام عملية انتاج النفط وتصديره
د. انخفاض الاستثمارات في مصادر الطاقة الاخرى

٣) ربما يكون السبب الرئيسي في استهلاك دول العالم للنفط بشراهة...

ا. توقف بعض الدول عن انتاجه
ب. بناء صناعات جديدة داخل الدول المتقدمة
ج. التبذير في استخدام النفط في الدول الغربية
د. الثورة التكنولوجية

٤) يتفق الخبراء على ان اسعار النفط ستستقر اذا...

ا. ازداد الاستثمار
ب. ازداد الانتاج
ج. تعاون اعضاء منظمة اوبك تعاونا وثيقا
د. فرضت كل الحكومات قيودا على الاستهلاك

126

2. Indicate whether the following statements are true or false according to the Main Text.

١) تطالب بعض الدول الاعضاء في اوبك بزيادة حصتها. T F

٢) سوف تسعى دول بحر الشمال إلى تخفيض انتاجها. T F

٣) ان التسارع في التنمية من اسباب ارتفاع اسعار البترول. T F

٤) تعتمد اليابان والصين على النفط اكثر من غيرها من الدول. T F

٥) تستهلك الدول المنتجة للنفط اكثر انتاجها من النفط. T F

٦) تستهلك اندونيسيا ٣٠ بالمئة من انتاجها النفطي. T F

٧) من اهم العوائق امام تطوير قطاع النفط الصراعات السياسية حيث تقع حقول النفط والغاز. T F

٨) قد لا توفر دول الاوبك كميات كافية لمقابلة الطلب العالمي. T F

٩) ستتوقف دول بحر الشمال عن انتاج النفط في المستقبل القريب. T F

١٠) ينبغي ان تستغل الدول المنتجة للنفط الفرص الاستثمارية في كل مصادر الطاقة. T F

3. Match each of the following ideas with the proper paragraph(s) of the Main Text.

١) توقع الخبراء ان تزيد اسعار النفط إلى حوالي ٥٠ دولارا للبرميل. ( )

٢) يجب ان تستثمر الدول المنتجة للنفط في الصناعة النفطية. ( )

٣) يصدر وزراء البترول تصريحا عن نتائج اجتماعهم. ( )

٤) يعتقد بعض الخبراء ان هناك مخزون كبير لم يتم التوصل إليه بعد. ( )

٥) التعاون مع الدول خارج اوبك ( )

٦) تركز بعض الدول على صناعة وسائل المواصلات التي لا تعتمد على النفط. ( )

4. Choose the best summary of the Main Text.

١) يختتم وزراء النفط اجتماعهم اليوم ومن المتوقع ان يتم تغيير في سقف الحصص. وقد ناقش الوزراء مواضيع تتعلق بالتعاون بين الدول الاعضاء ووضع السوق في منطقة الخليج. وينتظر الخبراء ان تزداد اسعار النفط إلى ٦٠ دولارا للبرميل الواحد بعد خمس سنوات وألا تكون الاحتياطات كافية لمقابلة الطلب العالمي وان تستهلك الدول المصدرة للنفط معظم انتاجها.

٢) يختتم وزراء البترول اجتماعهم اليوم ويُنتظر ان يحدث تغيير في الاسعار. شملت المحادثات التزام بعض الدول الاعضاء بالحصص المقررة وسبل التعاون مع الدول المنتجة للنفط وكذلك العرض والطلب ووضع السوق. ويُتوقع ان تزداد اسعار النفط إلى ٥٠ دولاراً تقريباً للبرميل الواحد بسبب قلة الاستثمارات في قطاع النفط وازدياد الطلب العالمي على النفط. ويذكر ان العالم يستهلك النفط بكثرة بسبب الثورة التكنولوجية وان الدول المنتجة للنفط تستهلك معظم انتاجها ويجب ان تستثمر هذه الدول اكثر في مصادر الطاقة.

٣) يختتم وزراء البترول اجتماعهم اليوم ومن المتوقع ان يتم تغيير في سقف الانتاج. وقد بحث الوزراء التعاون مع العراق وبقية الدول المنتجة للنفط والعرض والطلب والوضع الاقتصادي بشكل خاص. ويتوقع الخبراء ان تصل اسعار النفط إلى حوالي ٥٠ دولاراً في السنوات القادمة وان تكفي كميات النفط الطلب العالمي ويجب ان تستثمر الدول المنتجة التي تستهلك معظم انتاجها من النفط في مصادر الطاقة لتحسين لموقفها الاقتصادي.

VI. Supplementary Material.

1. Vocabulary.

المفردات.

Words and expressions in the order in which they appear in the Supplementary Text.

to fall back, to decline	تراجع – يتراجَع (تراجع)
equivalent	مُكافئ
to be in the lead	تصدّر – يتصدّر (تصدّر)
operating	تشغيل
to report	أفاد – يفيد (إفادة)
to estimate	قدّر – يقدّر (تقدير)
gasoline	بنزين
together, combined	مجتمعةً
	تفاوت – يتفاوت (تفاوُت) = اختلف

Organizations and Official Titles.

المنظّمات والالقاب الرّسميّة.

	Arabic
OAPEC	منظمة الاقطار العربية المصدرة للنفط = اوابك

Useful Expressions.

عبارات مفيدة.

in consumption of	استهلاكاً لـ
consecutively	على التوالي
liquefied gas	الغاز السائل
airplane fuel	وقود الطائرات

2. Read the questions below, scan the Supplementary Text, and write brief answers.

1) Did Saudi energy consumption increase or decrease last year?

2) What percentage of total Arab energy consumption did Saudi Arabia consume last year?

3) Which sector consumed the most energy?

4) What is predicted regarding total Saudi energy consumption and consumption of derivatives in the coming years?

3. Supplementary Text.

السعودية أكبر مستهلك عربي للطاقة وحاجاتها تراجعت ١,٢ في المئة العام الماضي اعتمادها على الغاز الطبيعي على حساب المشتقات النفطية

انخفض استهلاك الطاقة في المملكة العربية السعودية العام الماضي بنسبة ١,٢ في المئة. وذكرت «منظمة الأقطار العربية المصدرة للنفط» (أوابك) ان استهلاك الطاقة في المملكة العربية السعودية تراجع الى ١,٤٧ مليون برميل نفط مكافئ يومياً مقابل ١,٤٩ مليون برميل عام ١٩٩٣ لتتصدر بذلك الدول العربية استهلاكاً للطاقة باستحواذها على ٣٠ في المئة من اجمالي استهلاك الطاقة في الدول العربية الاعضاء.

لكن «أوابك» اشارت في تقريرها السنوي الى ان استهلاك الطاقة في المملكة العربية السعودية يشمل الى جانب استهلاكها العام، حاجات تشغيل قطاعها النفطي، مشيرة الى ان معدل استهلاك السعودية من المشتقات النفطية تراجع العام الماضي بنسبة ٥,٦ في المئة وبلغ ٩٢٠ ألف برميل يومياً عام ١٩٩٤. في حين زاد حجم استهلاكها من الغاز الطبيعي للسنة الثانية على التوالي بنسبة ٥,٩ في المئة من ٤٩٠ ألف برميل مكافئ عام ١٩٩٣ الى ٥١٩ ألف برميل مكافئ عام ١٩٩٤ ليبلغ ٥٥٠ ألف برميل يومياً العام الماضي.

وأفاد التقرير ان ٢٢ في المئة من استهلاك الطاقة في المملكة العربية السعودية اتجه الى القطاع الصناعي مقابل ٣١ في المئة لقطاع النقل والمواصلات و٣٩ في المئة للكهرباء والماء واثنين في المئة للحاجات المنزلية والتجارية وستة في المئة للحاجات الأخرى.

وتوقعت «أوابك» ان يرتفع اجمالي استهلاك السعودية من الطاقة في سنة ٢٠٠٠ بنسبة ٣٥ في المئة مقارنة مع حجم الاستهلاك العام الماضي.

وكانت دراسة صدرت عن مجلس التعاون توقعت ارتفاع الطلب على الطاقة في المملكة العربية السعودية في السنوات المقبلة. وقدرت ان يزداد الطلب على المشتقات النفطية كالبنزين الى أكثر من ٢٧٧ ألف برميل يومياً سنة ٢٠١٠، وغاز النفط السائل الى أكثر من ١٩ ألف برميل يومياً والكيروسين الى نحو ٣٧٠٠ برميل يومياً ووقود الطائرات الى أكثر من ٣٦ الف برميل يومياً وزيت الغاز الى نحو ٢٥٦ ألف برميل يومياً وزيت الوقود الى ٦٨٠٠ برميل يومياً.

وأفادت ان الطلب على الغاز الطبيعي سيزداد في السعودية سنة ٢٠١٠ الى نحو ٦٧,٨ مليون طن مكافئ، وعلى الكهرباء الى ١٥١,٧١٥ الف ميغاواط في الساعة. وقدرت «أوابك» اجمالي استهلاك الطاقة للأقطار الاعضاء مجتمعة عام ١٩٩٥ بنحو ٤,٧ مليون برميل يومياً بزيادة قدرها ١,١ مليون برميل يومياً على مستويات عام ١٩٩٠.

وتفاوتت مساهمة كل من الأقطار الاعضاء في اجمالي الاستهلاك لعام ١٩٩٥، اذ بلغ نصيب السعودية نحو ٣٢ في المئة في مقابل ١٤ في المئة نصيب مصر. بينما بلغ مجموع حصص الامارات والجزائر والعراق ٣٢ في المئة، فيما تراوحت حصص بقية الاقطار الاعضاء بين ٢,٣ في المئة و٥,٦ في المئة.

من جريدة «الحياة»
بتصرف

SECTION FIVE: ENERGY AND ENVIRONMENT

ENVIRONMENT
بيئة

Lesson 10 **Colloquium at the Regional *Al-Ahram* Press Institute: Religions Call for Preserving the Environment and Protecting It from Pollution**

I. Background Information.

The Arab world has begun to pay attention to environmental issues in recent years. Incidents during the Gulf War helped to focus attention on the Gulf area, and construction in and around the Red Sea has become a major concern because of its potential effect on the ecology of that area. In addition, pollution is becoming a major problem in large cities such as Cairo. The Main Text deals with a rather novel—and effective—way to increase environmental awareness in the Middle East context.

II. Vocabulary. المفردات.

Words and expressions in the order in which they appear in the Main Text.

air (adj.)	هوائي
the media	الإعلام (وسائل الإعلام)
a select group	نُخبة (ج) نُخَب
clear	نَقي
peaceful, tranquil	هادِئ
the universe	الكَوْن
components	مُكَوِّنات
proper, correct	سَوِي
spoiling, destroying	إفساد
polluting	تَلْويث

saving	إنقاذ
contaminants	ملوِّثات
	دار (ج) دور = بيت (ج) بُيوت
worship	عِبادة
to appear, to be found	ورد – يَرِد (وُرود) = جاء
pure, clean	طَهور = مطهّر
showing	مُبَيِّناً
reforestation	تشجير
moment	لَحظة (ج) ات
palm seed	فسيلة (ج) فسائل
paradise, heaven	جَنّة
trust, secretariat	أمانة
proper	حُسنى
noise	ضَوْضاء
emission	صرف
waste	مُخلّفات
smoke	دخان (ج) أدخنة
smoking	تدخين
creature	كائِن (ج) ات
chronic	مُزمِن
creation	خليقة (ج) خلائق
elements, components	مقوِّمات
to accompany	صاحب – يصاحب (مصاحبة) = رافق
presumptuous, haughty	متعاظم
decreasing	تناقُص
element	منظوم (ج) ات
dimension	بُعد (ج) أبعاد
church	كنيسة (ج) كنائس
tool	أداة (ج) أدَوات

to urge	حثّ – يحُثّ (حثّ) على
resources, good things	خَيْرات
to damage, to spoil	أتلف – يتلف (إتلاف)
to violate, be at variance with	خالف – يخالف (مخالفة)

Organizations and Official Titles.

المنظّمات والألقاب الرّسميّة.

His Excellency, the Grand Imam	فضيلة الامام الاكبر
His Eminence the Pope	نيافة البابا
head of the press syndicate	نقيب الصحفيين
Patriarch of the Coptic Church	بطريرك الكرازة المرقيسية
God Almighty	اللّه تعالى
board of directors	مجلس إدارة

Useful Expressions.

عبارات مفيدة

to cast light on	ألقى الضوء على
it is clear	من الجلي = من الواضح

Notes.

1. فمنذ بدء الخليقة والانسان يقوم باستغلال الكون من حوله لمنفعته.

   Since the beginning of creation, mankind has been exploiting the universe for its benefit.

2. «التمييز»

   as in: مما زاد تلك المشكلة المزمنة تعقيداً

   which made that chronic problem more complicated

135

3. The “la” of absolute negation لا لنفي الجنس

← Indef. Noun/Verbal Noun + لا ←

as in:

There is no hope in	لا أملَ في
There is no doubt about	لا شكّ في
It is inevitable that	لا بُدّ من
There is no escape from	لا مفرّ من

III. Pre-Text Exercises.

1. Using the dictionary, fill in the following table as indicated.

Root	Word	Meaning
	اتّسم	
	حَبا	
	موضع	
	استيعاب	
	هائل	
	غائب	
	ميثاق	
	وهب	
	ضرّ	
	ضوء	

2. Skim paragraphs 3, 5, 6, 7 and 9, and then match each of the following ideas with the paragraph(s) in which they appear.

a. (   ) using houses of worship to spread environmental awareness

b. (   ) saving the Nile from pollution

c. (   ) the environment as a trust in the hands of human beings

d. (   ) dumping waste material into the environment

e. (   ) smoke and smoking

3. Find the English equivalent on the left for the Arabic expressions on the right.

a. editor-in-chief	( ) ١) القرآن الكريم
b. air pollution	( ) ٢) معاهدات دولية
c. natural resources	( ) ٣) الوعي البيئي
d. the Holy Qur'an	( ) ٤) التلوث الهوائي
e. a religious duty	( ) ٥) رئيس التحرير
f. environmental awareness	( ) ٦) بُعد جديد
g. a chronic problem	( ) ٧) النهضة الصناعية
h. the industrial revival	( ) ٨) مشكلة مزمنة
i. international pacts	( ) ٩) موارد طبيعية
j. a new dimension	( ) ١٠) واجب ديني

4. Read the questions below, scan the Main Text, and write brief answers.

1) Who attended the Colloquium held at the *Al-Ahram* Press Institute?

2) What did the participants advocate with regard to the environment?

3) Did the participants state that there was a connection between religion and the environment?

4) What are the sources of pollution which are mentioned in the Main Text?

IV. Main Text.

ندوة بمعهد الأهرام الإقليمي للصحافة:
الأديان تدعو للحفاظ على البيئة وحمايتها من التلوث

أكد فضيلة الإمام الأكبر شيخ الأزهر ونيافة البابا بطريرك الكرازة المرقسية وبابا الاسكندرية ورئيس مجلس الإدارة ورئيس تحرير الأهرام ونقيب الصحفيين أن الأديان تدعو إلى الحفاظ على البيئة من التلوث. وطالبوا باتخاذ كل السبل لمنع مصادر التلوث الهوائي والمائي والسمعي وأكدوا أهمية التوعية البيئية ومسئولية الإعلام وعلماء الدين في تحقيق هذا الهدف. جاء ذلك في ندوة « الأديان وحماية البيئة» التي نظمها معهد الأهرام الإقليمي للصحافة بالتعاون مع اتحاد الصحفيين العرب، والتي شهدها نخبة من علماء الدين الإسلامي والمسيحي والصحفيون المشاركون في الدورة.

أكد فضيلة الإمام الأكبر شيخ الأزهر أن واجبنا جميعا الحفاظ على البيئة نقية ونظيفة وهادئة مشيرا إلى ان البيئة تشمل الأرض والماء والهواء. وقال إن الله تعالى قد خلق الكون وفق نظام دقيق يتسم بالجمال في جميع مكوناته ولكن تدخل الإنسان بأسلوب غير سوي قد نتج عنه إفساد البيئة وتلويثها.

إنقاذ النيل:

ودعا فضيلة الإمام الأكبر إلى بذل كل الجهود لإنقاذ النيل من التلوث مؤكدا ضرورة منع كل ما يلوث مياه النيل أو إزالة هذه الملوثات حتى لو كانت دور عبادة. وطالب بضرورة الحفاظ علي المياه نقية ونظيفة باعتبارها أهم المصادر الطبيعية التي حبانا الله تعالى بها، مشيرا إلى أن هذه الحقيقة قد عبر عنها القرآن الكريم، فقد ورد ذكر الماء في أكثر من ٦٠ آية، وقد وصفت الماء بأنه أصل الحياة وأنه طهور ومطهر.

وأوضح أهمية الحفاظ على الأرض وتعميرها بأسلوب لا يؤدي إلى تلوث البيئة مؤكدا أن القرآن الكريم قد تحدث عن الأرض في أكثر من ٥٠٠ موضع مبينا أهميتها للإنسان وللحياة ومطالبا بالحفاظ عليها وتعميرها. وتحدث عن اهتمام الإسلام بالزراعة والتشجير مشيرا إلى الحديث النبوي الذي يطالب بهذا العمل حتى آخر لحظة في العمر : «إذا قامت القيامة وفي يد أحدكم فسيلة فليزرعها».

أول بيئة:

وقال نيافة البابا بطريرك الكرازة المرقسية وبابا الاسكندرية إن أول بيئة أوجدها الله هى الجنة، وبعد ذلك أصبحت الأرض أمانة في أيدينا تقع علينا مسئولية رعايتها والحفاظ عليها مؤكدا أن حماية البيئة من التلوث واجب ديني. وأوضح أن استغلال البيئة بالوسائل الحسنى لا تتعارض مع ذلك مؤكدا أن البيئة تدل على حضارة ساكنيها. ونبه إلى أهمية التشجير ونشر الوعي البيئي.

مصادر التلوث:

وتحدث نيافة البابا عن مصادر التلوث في مجتمعاتنا بدءا من التلوث السمعي والضوضاء التى تزايدت معدلاتها مؤخرا وتلوث المياه بسبب صرف مخلفات المصانع في النيل وتلوث الهواء بسبب الأدخنة والتدخين. وأشار إلى أهمية البيئة النقية وأثرها الإيجابي على صحة الإنسان وغيره من الكائنات.

مشكلة مزمنة:

وتحدث رئيس مجلس الادارة ورئيس تحرير الأهرام فقال: منذ بدء الخليقة، والإنسان يقوم باستغلال الكون من حوله لمنفعته. ولقرون عديدة، استطاعت أرضنا العظيمة مواجهة واستيعاب هذا الاستغلال المتزايد لمقوماتها البيئية. ولكن مع الزيادة السكانية الهائلة والنهضة الصناعية التي صاحبتها، فإن القدرة الاستيعابية لهذا الاستغلال المتعاظم بدأت في التناقص. فبالإضافة إلى ذلك، فإن الثورة الصناعية لم تكتف فقط باستهلاك الموارد الطبيعية، بل إنها تقوم بإلقاء مخلفاتها بالمنظومات البيئية مما زاد تلك المشكلة المزمنة تعقيدا.

الإعلام والوعى البيئى:

وأضاف: قد أدرك العالم خلال السنوات القليلة الماضية أبعاد تلك المشكلة المزمنة، وقامت الهيئات الدولية بعقد آلاف المؤتمرات والندوات واقترحت الحلول، ووقعت المواثيق والمعاهدات الدولية لحماية البيئة. والوطن العربي لم يكن غائبا عن تلك النهضة البيئية، فقد قامت معظم الدول العربية بسن القوانين المختلفة لتطبيقها. ولكن، لا أمل من كل ذلك دون رفع الوعي البيئي بشتى الوسائل من إعلام وتعليم وغيرهما.

وأشار إلى أن هذه الندوة تلقي الضوء على بعد جديد لم يستغل من قبل في حماية البيئة، وهو استخدام دور العبادة من مساجد وكنائس كأداة لنشر الوعي البيئي. وقد حثت الأديان جمعاء على الحفاظ على ما وهبنا الله من خيرات، وألا نبذر في استخدامها، وألا نتلف تلك الأمانة. كما حثت الأديان على الحفاظ على حياتنا، وألا نضر بأنفسنا أو بغيرنا، ومن الجلي أن تلويث البيئة يخالف تلك التعليمات الصريحة.

من جريدة «الأهرام» بتصرف

V. Post-Text Exercises.

1. Read the Main Text carefully and then select the appropriate answer(s).

١) تشمل البيئة الأرض والماء و...

ا. الإعلام
ب. الهواء
ج. البنايات
د. المصانع

٢) يذكر ————————— الماء في اكثر من ٦٠ آية.

ا. الكتاب المقدس
ب. بابا الاسكندرية
ج. القرآن الكريم
د. نقيب الصحفيين

٣) اكد بطريرك الكنيسة القبطية ان حماية البيئة من ————————— واجب ديني.

ا. المنفعة
ب. التعمير
ج. الانسان
د. التلوث

٤) وتكلم بابا الكنيسة عن انواع ————————— في البيئة وأثره على صحة الناس.

ا. حركة المرور
ب. التطور
ج. التعليم
د. التلوث

٥) يُرجع رئيس مجلس ادارة الاهرام عدم استيعاب البيئة الاستغلال المتزايد إلى الاسباب التالية باستثناء...

ا. ازدياد عدد السكان
ب. النهضة الصناعية
ج. إلقاء المصانع لمخلفاتها
د. عدم وجود القدرات التكنولوجية في الشرق الاوسط

٦) أي عبارة تصف دور الدول العربية في البيئة خلال السنوات القليلة الماضية؟

ا. كانت نشيطة جداً
ب. سنت تشريعات لتنفيذها
ج. لم تشترك في ذلك أبداً
د. لم تشترك الا في ندوات الامم المتحدة

٧) قال رئيس مجلس ادارة الاهرام ان الحفاظ على البيئة يعتمد كل الاعتماد على رفع الوعي البيئي من خلال ...

ا. عقد المواثيق والمعاهدات الجديدة
ب. سن القوانين الجديدة في كل دولة
ج. اجراء دراسات اضافية
د. وسائل الاعلام والتعليم

٨) ما هو البعد الجديد الذي ألقت هذه الندوة الضوء عليه لنشر الوعي البيئي؟

ا. استخدام السلطات الحكومية
ب. استعمال المعاهد والجامعات
ج. استخدام المساجد والكنائس
د. استعمال المدارس الابتدائية

2. Translate the following phrases into English.

١) شتّى الوسائل: _____

٢) وِفق نظام دقيق: _____

٣) حتى آخر لحظة: _____

٤) خلال السنوات القليلة الماضية: _____

٥) لم يستغل هذا البعد من قبل: _____

٦)من الجلي ان: _____

3. Complete the following sentences with the most appropriate prepositional phrase.

١) شرح شيخ الازهر ان القرآن يطالب بالحفاظ ... ( )

٢) أشار شيخ الازهر ... ( )

٣) وصف شيخ الازهر الماء ... ( )

٤) اوضح شيخ الازهر ان الاسلام يهتم ... ( )

٥) قال بطريرك الكنيسة القبطية ان البيئة تدل ... ( )

٦) تحدث نيافة البابا ... ( )

٧) ان الانسان يقوم ... ( )

٨) تحثّ الاديان ... ( )

٩) نظم الندوة معهد الاهرام للصحافة بالتعاون ... ( )

١٠) تلقي هذه الندوة الضوء .... ( )

ا. بأنه أصل الحياة

ب. على حضارة ساكنيها

ج. بالزراعة والتشجير

د. على الأرض وتعميرها

ه. إلى ان البيئة تتضمن ثلاث مقومات

و. على بعد جديد للمشكلة المزمنة

ز. عن مصادر التلوث

ح. على الحفاظ على البيئة

ط. باستغلال الكون

ي. مع اتحاد معهد الصحفيين العرب

4. Arrange the following sentences into a logical outline of the Main Text.

١) ( )   اكد بطريرك الكنيسة القبطية كذلك ان حماية البيئة واجب على الانسان وذكر مصادر التلوث.

٢) ( )   اشار رئيس مجلس ادارة الاهرام إلى استخدام المساجد والكنائس لنشر الوعى البيئي.

٣) ( )   اكد شيخ الازهر ان الحفاظ على البيئة نظيفة واجب ديني وان الماء هو اهم الموارد الطبيعية.

٤) ( )   اجتمع بعض رجال الدين في معهد الاهرام للصحافة لمناقشة موضوع البيئة.

٥) ( )   تكلم رئيس مجلس ادارة الاهرام عن قدرة الارض على استيعاب الاستغلال المتزايد للبيئة.

VI. Supplementary Material.

1. Vocabulary. المفردات.

Words and expressions in the order in which they appear in the Supplementary Text.

facility, utility, installation	مرفَق (ج) مرافق
to join	انضمّ - ينضمّ (انضمام) إلى
to ratify	صادَق - يصادِق (مصادقة) على
to host	استضاف - يستضيف (استضافة)
seminar, colloquium	ندوة
phenomenon	ظاهرة (ج) ظواهر
coastal	ساحلي
peculiarity, special characteristic	خصيصة (ج) خصائص
	مستجدّات = تطوّرات جديدة
authority	جهة (ج) ات
depth, depression	غَوْر (ج) اغوار
overlooking	مُطلّ على = مشرف على
diversity, variety	تنوّع
specialized	متخصّص
categorization, categorizing	تصنيف
preserve (n.)	محمية (ج) ات

Organizations and Official Titles. المنظّمات والألقاب الرّسميّة.

Inspector General	المفتّش العامّ

المنظمة العربية للتربية والثقافة والعلوم

Arab Organization for Education, Culture and Science (ALESCO)

برنامج الامم المتحدة الإنمائي

United Nations Development Program

الهيئة الإقليمية للمحافظة على بيئة البحر الاحمر وخليج عدن
Regional Organization for the Preservation of the Environment of the Red Sea and the Gulf of Aden

College of Oceanic Sciences كلية علوم البحار

Saudi Department of Meteorology and Environmental Preservation

مصلحة الأرصاد وحماية البيئة السعودية

Useful Expressions. **عبارات مفيدة**

connected with	ذو (ذات .fem) صلة بـ = ذو علاقة بـ
initialing	التوقيع بالأحرف الأولى
	على مدار = خلال
passing legislation	سنّ تشريعات
of (used for sub-organizations)	تابع لـ

Notes.

1. **a.** both ← 2 persons/items + كل من ←

as in: كل من السفير الاردني والسفير الكويتي
both the Jordanian and Kuwaiti ambassadors

b. each of (the following)... ← 3 or more persons/items + كل من ←

as in: كل من قطر وعمان والبحرين
each of the following: Qatar, Oman, and Bahrain

2. Read the questions below, scan the Supplementary Text, and write brief answers.

1) Which officials attended the meeting?

2) When was the Environment Program for the Red Sea and the Gulf of Aden created?

3) Which countries became members of the Regional Agreement?

4) Which institution hosted the first conference on the environment of the Red Sea?

5) Guess the meanings of the following words which were derived from Western languages by pronouncing them phonetically:

بيولوجيا: ________	قناة: ________
جيولوجيا: ________	تقنيات: ________
فيزياء: ________	كيمياء: ________

6) What did the participants advocate at the end of the conference?

3. Supplementary Text.

الاجتماع للمحافظة على بيئة البحر الأحمر وخليج عدن يعقد في جدة الأسبوع المقبل

يعقد في مدينة جدة الاجتماع للمجلس الوزاري للهيئة الإقليمية للمحافظة على بيئة البحر الاحمر وخليج عدن.

وقال الامين العام للهيئة لـ«الشرق الأوسط»: ان هذا الاجتماع الذي يرأسه مساعد وزير الدفاع والطيران والمفتش العام لشؤون الطيران المدني ويحضره ممثل للمدير العام للمنظمة العربية للتربية والثقافة والعلوم بالاضافة الى ممثلين عن بعض المنظمات العالمية ذات الصلة بأمور البيئة مثل برنامج الامم المتحدة الانمائي ومرفق البيئة العالمي والامانة العامة لجامعة الدول العربية، سيسبقه اجتماع تحضيري للخبراء من الدول الاعضاء في الاتفاقية الأقليمية للمحافظة على بيئة البحر الاحمر وخليج عدن يومي غد وبعد غد.

ويعود انشاء الهيئة الإقليمية للمحافظة على بيئة البحر الاحمر وخليج عدن الى عام ١٩٧٤ عندما انشأت المنظمة العربية للتربية والثقافة والعلوم برنامج بيئة البحر الحمر وخليج عدن ثم أعقب ذلك مؤتمر جدة الاول في نفس العام ومؤتمر جدة الثاني عام ١٩٧٦ وتم بعد ذلك التوقيع بالأحرف الاولى على الإتفاقية الإقليمية للمحافظة على بيئة البحر الاحمر وخليج عدن عام ١٩٨٢.

وقد انضمت الى عضوية هذه الاتفاقية وصادقت عليها كل من المملكة العربية السعودية، والمملكة الاردنية الهاشمية، وجمهورية السودان، وجمهورية مصر العربية، والجمهورية اليمنية، وجمهورية الصومال بالإضافة الى دولة فلسطين. وتم آنذاك تشكيل مجلس مؤقت لإدارة البرنامج لحين انشاء الهيئة المقترحة وفق نصوص الاتفاقية. وقد تم إعلان انشاء الهيئة رسميا في الاجتماع الوزاري الاول للوزراء المعنيين بالبيئة في الدول الاعضاء في الاتفاقية والذي عقد في القاهرة في ٢٦ سبتمبر (ايلول) ١٩٩٥.

وكانت جامعة الملك عبد العزيز بجدة قد استضافت العام الماضي الندوة الاولى عن بيئة البحر الاحمر والتي نظمتها كلية علوم البحار، بالتعاون مع مصلحة الارصاد وحماية البيئة السعودية، وناقشت الندوة على مدار ثلاثة أيام ٨٠ بحثاً من السعودية واميركا وبريطانيا وفرنسا وكندا ومصر وقطر وعمان والامارات، والبحرين والكويت وباكستان، تناولت الثروات البحرية الحية وغير الحية في البحار والتلوث البحري والظواهر الفيزيائية في البحر الاحمر اضافة الى ادارة المناطق الساحلية والخصائص البيئية للبحر الاحمر وكيفية المحافظة عليها وكذلك الموضوعات البيئية العامة.

وتناولت ايضا كافة المستجدات والبحوث التي اجريت عن بيئة البحر الاحمر، الكيمياء البحرية، الفيزياء البحرية، ادارة المناطق الساحلية وكيفية المحافظة على البيئة البحرية، والجيولوجيا البحرية، وتحقيق التعاون بين السعودية والجهات العلمية ذات العلاقة على المستوى الاقليمي والمنظمات العالمية المهتمة بهذا المجال في ضوء التقنيات الحديثة، وبيئة الاغوار الحارة.

وناشد العلماء والباحثون المشاركون في ختام ندوتهم الجهات المسؤولة للدول المطلة على البحر الاحمر تقديم الدعم اللازم لبرنامج المحافظة على بيئة البحر الاحمر وخليج عدن، وأكدوا على ضرورة انشاء مركز معلومات للتنوع البيولوجي بالبحر الاحمر لتجميع ابحاث التنوع البيولوجي للاحياء البحرية في البحر الاحمر وخليج عدن وقناة السويس، وأشاروا الى أهمية تشكيل لجان علمية متخصصة في مجال تصنيف المجموعات البيولوجية المختلفة وانشاء مزيد من المحميات البحرية في الدول المطلة على البحر الاحمر للمحافظة على التنوع البيولوجي.

وخرج المشاركون بعدد من التوصيات منها ضرورة تدعيم التعاون والتنسيق بين مختلف الهيئات والمنظمات والوكالات الدولية التابعة للأمم المتحدة، وأهمية قيام الدول المطلة على البحر الاحمر بسن تشريعات لحماية البيئة البشرية.

من جريدة «الشرق الاوسط»
بتصرف

SECTION SIX: SOCIAL ISSUES

RELIGION AND CULTURE
دين وثقافة

Lesson 11 The Conference on "Islam and the West" Ends Its Meeting Today.

I. Background Information.

Islam, the religion of the vast majority of the inhabitants of the Middle East and North Africa, shares many values, principles, and teachings with the other world religions which originated in the Middle East: Judaism and Christianity. However, as many Muslims are quick to point out, Islam has never been sanctioned in the West, and the Western media often paint a negative picture of Islam and Muslims. As Edward Said so aptly pointed out, the Orientalist tradition was inextricably entangled with imperialism and assumptions of superiority to non-Westerners. This left a legacy which only years of dialogue and open-mindedness can erase. It is hoped that the expanding dialogue will also erase the paranoia and conspiracy theories on the Middle East side of the equation.

II. Vocabulary. المفردات.

Words and expressions in the order in which they appear in the Main Text.

distorted	مُشوَّه
available	مُتاح = متوفّر
to give up	تخلّى - يتخلّى (تخلٍ) عن
equal	مُتكافئ = مُتعادل
to coordinate	نسّق - ينسّق (تنسيق)
	فزع = خوف = رهبة
limit, rule	ضابط (ج) ضوابط
moral	خُلُقي
to keep	أبقى - يبقي (إبقاء) على

plurality, diversity	تعدُّدية
attacking	تعدٍّ (التعدّي) على
ownership	ملكية
punishment	عِقاب
successor	مستخلَف
tolerance	تسامُح
to criticize	انتقد – ينتقد (انتقاد)
in agreement with	توافُق
generation	جيل (ج) أجيال

Organizations and Official Titles. المنظّمات والألقاب الرّسميّة.

المجلس الأعلى للشؤون الاسلامية

The Supreme Council for Islamic Affairs

وزير التعليم العالي والدولة للبحث العلمي

Minister of Higher Education and [Minister] of State for Scientific Research

Minister of Endowments   وزير الأوقاف

Useful Expressions. عبارات مفيدة.

as is said	كما يُقال
peaceful coexistence	التعايُش السلمي
adopting (something)	الأخذ بأسباب
to find his/its way	شق طريقه نحو
at the expense of	على حساب
racial/ethnic fanaticism	التعصّب العرقي
religious fanaticism	التعصّب الديني
to have a voice which is heard	لها صوت مسموع

في شتّى المجالات = في مختلف المجالات

على غرار = مثل

Notes.

1. to have nothing left but ← لم يعد أمام + Pronoun + سوى ←

2. to bestow مَنّ – يمنّ (منّ) على

Here, bestow has the negative, condescending connotation of having the upper hand and giving charity.

III. Pre-Text Exercises.

1. Using the dictionary, fill in the following table as indicated.

Root	Form	Verb	Meaning	Verbal Noun
				توصية
				تعايش
				تجاوز
				تنسيق
				إسهام
				تسمية
				احترام
				إنجاح
				إكراه
				إنشاء

2. Select the word which does not belong in each group.

١) ا. سلبي ب. متقدم ج. مسيء د. مشوه

٢) ا. متاح ب. متوفر ج. نادر د. كثير

٣) ا. تابع	ب. منبثق	ج. مُوالٍ	د. مستقل
٤) ا. تعطّف	ب. تفضّل	ج. سلب	د. منّ
٥) ا. تجمّع	ب. تفرّق	ج. تكتّل	د. توحّد
٦) ا. فزع	ب. خوف	ج. رهبة	د. شجاعة
٧) ا. واحد	ب. مختلف	ج. متعدد	د. عديد
٨) ا. خلقي	ب. مسيء	ج. مفضل	د. فاضل
٩) ا. فضل	ب. حطم	ج. هدم	د. دمر
١٠) ا. بناء	ب. إعمار	ج. تقدم	د. إكراه

3. Choose the correct synonym for the following words.

١) قضايا	( )	ا. تطور
٢) محافل	( )	ب. كتلة
٣) متكافئ	( )	ج. مشكلات
٤) تقدم	( )	د. مثل
٥) تكتل	( )	ه. عظيم / قديم
٦) منبثق	( )	و. دوائر
٧) جرح	( )	ز. عفو
٨) على غرار	( )	ح. متعادل
٩) تسامح	( )	ط. متفرع
١٠) عريق	( )	ي. أساء

152

4. Choose the correct antonym for the following words.

١) سلبيات	( )	ا. ماضٍ
٢) اختتم	( )	ب. تخلف
٣) عالي	( )	ج. ايجابيات
٤) مستقبل	( )	د. تعصب
٥) متاح	( )	ه. هدم
٦) تقدم	( )	و. بدأ
٧) توافق	( )	ز. عداء
٨) إعمار	( )	ح. محلي
٩) صداقة	( )	ط. فاز
١٠) خسر	( )	ي. نادر

5. Choose the correct meanings for the following words.

١) الاستشراق	( )	ا. هي القوانين التي تحكم تصرفات وسلوك الافراد
٢) الاستغراب	( )	ب. هو التحامل على الآخرين بسبب اختلاف الدين أو اللون أو الجنس
٣) التعصب	( )	ج. هو دراسة الشرق للحضارة والمجتمعات الغربية
٤) التسامح	( )	د. هو العفو ونسيان سلبيات الماضي
٥) الضوابط	( )	ه. هو تخصص الغرب في دراسة الشرق وثقافته

6. Read the questions below, scan the Main Text, and write brief answers.

1) What is the main topic of this conference?

2) Is the history professor happy with the name "Third World"?

3) The Australian Mufti said "Muslims lost a battle". To what is he referring?

4) What is the idea presented by the Bosnian Mufti?

IV. Main Text.

مؤتمر «الإسلام والغرب» يختتم أعماله اليوم
التنسيق بين الدول الإسلامية بالمحافل الدولية يعزز مواقفها في جميع القضايا

يختتم المؤتمر العالمي التاسع للمجلس الأعلى للشؤون الاسلامية أعماله اليوم حول «الإسلام والغرب» بإصدار القرارت والتوصيات.

وأكدت مناقشات المؤتمر ضرورة التعايش السلمي بين الشعوب، وتجاوز ذكريات التاريخ السلبية وأن التنسيق بين الدول الإسلامية في المحافل الدولية يعزز مواقفها في القضايا والمشكلات المعلقة مع الغرب.

وأكد وزير التعليم العالي والدولة للبحث العلمي المصري أن العلاقة بين الإسلام والغرب – من منظور المستقبل – تبشر بالكثير من أوجه التعاون، ولكن بشروط من أهمها حرص الجانبين على ضرورة التعايش السلمي بين الشعوب، والعمل الجاد والمشترك لتجاوز السلبيات الموجودة وتحسين الصورة المشوهة عن كل طرف لدى الطرف الآخر. وقال: إذا كانت الدبلوماسية الناجحة تستطيع أن تحقق بعض هذه الاهداف، فإن الاعلام والتعليم يمكنهما الاسهام بدور فعال في تحقيق معظم الاهداف الأخرى وإذا كان التقدم الحالي قد جعل من العالم – كما يقال – قرية صغيرة، فإن أهل القرية جميعا مسؤولون عن تحقيق الحياة الكريمة والسعيدة لجميع ابنائها، وكذلك للاجيال القادمة من بعدهم.

وقال: إن التقدم في عالم اليوم أصبح متاحا للجميع والدول والشعوب الإسلامية أمامها العديد من الفرص للأخذ بأسبابه دون أن تفقد هويتها أو تتخلى عن عناصر ثقافتها الخاصة. ويمكن القول بأن بعض الدول الإسلامية قد بدأت تشق طريقها بالفعل نحو التقدم والنهضة ولم يعد أمامها سوى خطوة واحدة نحو بناء التكتلات الإقتصادية التي تدعم مركزها السياسي عند الدخول في مفاوضات متكافئة مع الغرب. وأوضح أن مجموعة الدول الإسلامية في محيط المحافل الدولية، خاصة في الأمم المتحدة والمنظمات المنبثقة عنها تستطيع إذا نسقت فيما بينها أن يكون لها صوت مسموع في مختلف القضايا الدولية.

وقالت أستاذة للتاريخ بجامعة القاهرة: إن علاقة الإسلام بالغرب بدأت بأسبانيا والفتح العربي والحضارة الإسلامية في الأندلس التي أعطت أوروبا الكثير دون أن تمن وتسمي اوروبا العالم الثالث كما تطلق اوروبا اليوم هذا الاسم على دول الحضارات العريقة فتجرحها جرحا عميقا، ولهذا لابد ان تختفي هذه التسمية ويلتقي الشرق والغرب على خير الانسانية. وأضافت: نحن لانريد صراعا أو حروبا وانما نريد تفاهما بحيث يتبادل معنا الغرب الاحترام والتقدير والتطوير في العلاقات ليهدأ الصراع وتختفي أسباب الفزع.

وحدد أستاذ بجامعة الازهر عددا من نقاط الالتقاء الاساسية والعديدة التي تساعد على انجاح الحوار بين الإسلام والغرب ومنها:

●الإسلام لم يكن ابدا عدوا للحضارة الغربية والمسلمون لديهم قناعة بضرورة وجود علاقات ثنائية متبادلة في شتى المجالات، خاصة الثقافية والحضارية بين الإسلام والغرب.

●كل من الإسلام والحضارة الغربية يشجع البحث العلمي ويؤمن بضرورة تطوير حياة الانسان إلى الافضل إلا ان الإسلام يفرض ضوابط خلقية واجتماعية للبحث العلمي من شأنها ان تبقي على العلم خادما للإنسان حتى لا يتغلب عليه فيدمره.

●كل من الإسلام والغرب يحترم ويحمي الملكية الفردية ويسعى إلى تحقيق افضل استثمار للطاقات والموارد الطبيعية ويشترط الإسلام ألا يكون ذلك على حساب فئة من البشر أو عنصر من عناصر الطبيعة.

●كل من الإسلام والغرب يؤيد ويحمي التعددية في الحكم وحرية التعبير عن الرأي، والإسلام لا يعتبر المساس بالشعور الديني أو الأخلاقي للآخرين جزءا من حرية الفكر أو التعبير عن الرأي، بل تعد على حقوق الآخرين يستحق فاعله العقاب العادل.

●يحرص الإسلام مثل الغرب على ضرورة احترام وتطبيق حقوق الانسان ويؤكد الإسلام ضرورة أن يشمل ذلك كل البشر بقدر متساو وأن يراعى ذلك في حالات الحرب والسلم.

●المحافظة على سلامة البيئة واجب شرعي على كل مسلم لأنه مستخلف من الله في الأرض لإعمارها.

●يدعو الإسلام مثل المسيحية إلى التسامح ويرفض كل أسباب الإكراه في الدين أو التعصب العرقي أو الديني.

ومن جانبه انتقد وزير الاوقاف المغربي استمرار الموقف السلبي العدائي الغربي للإسلام، وطالب بإيجاد صيغة للتعايش بين الجانبين وايجاد وسيلة للتوافق بينما أكد مفتي استراليا أن المسلمين خسروا معركة الاعلام مع الغرب. وطالب الاعلام الإسلامي بتحمل المسئولية وأن يشرح الصورة الصحيحة للإسلام، وان يبلغ القيم السليمة للإسلام وينقلها للغرب.

وطالب مفتي البوسنة والهرسك بانشاء كلية للاستغراب لتخريج جيل اسلامي متخصص في دراسة الحضارة الغربية، وذلك على غرار كلية الاستشراق مؤكدا أن الاستشراق أنشيء لخدمة الحضارة الغربية والفهم الغربي للقيم الإسلامية ونقل العادات الاسلامية والشرقية، وقال لانستطيع أن نتوقع من الاستشراق ان يعلمنا القيم والتقاليد الغربية.

من جريدة «الاهرام»،
بتصرف

155

V. Post-Text Exercises.

1. Read the Main Text carefully and then select the appropriate answer(s).

١) طالب المؤتمر العالمي التاسع للمجلس الأعلى للشؤون الإسلامية بـ...

ا. التنسيق بين الدول الإسلامية في المحافل الدولية.
ب. نسيان الذكريات السلبية للتاريخ.
ج. تعزيز القضايا والمشكلات مع الغرب.
د. إصدار قرارات وتوصيات

٢) قال وزير التعليم العالي والبحث العلمي المصري إن...

ا. التعايش بين الدول الإسلامية والغربية ضروري.
ب. العمل الجاد والمشترك هو منظور المستقبل.
ج. المسلمين والغرب يسيئان فهم بعضهما البعض.
د. الغرب هو الذي يسيء فهم الإسلام.

٣) قالت أستاذة التاريخ إن...

ا. الغرب يسيء للشرق بتسميته "العالم الثالث".
ب. الحضارات العربية لم تمن على اوربا.
ج. أسباب الفزع مرتبطة بالتبادل مع الغرب.
د. الحضارة في الاندلس أخذت الكثير من الغرب واعطته للشرق.

٤) من النقاط التي ذكرها أستاذ جامعة الأزهر لإنجاح الحوار مع الغرب...

ا. إيجاد علاقات ثنائية في المجالات الثقافية والحضارية بينهما.
ب. احترام حقوق الانسان في حالات السلم والحرب.
ج. التسامح العرقي والديني.
د. استثمار الموارد الطبيعية دون ضرر للبشر أو للطبيعة.

2. Complete the following sentences with the most appropriate prepositional phrase.

١) العلاقة بين الإسلام والغرب ...   (   )

٢) التعايش السلمي ...   (   )

٣) تذكر الماضي السلبي ...   (   )

٤) يدعو الإسلام ...   (   )

٥) يجب ألا يكون البحث العلمي ...   (   )

٦) الاعلام الإسلامي مسؤول ...   (   )

٧) تعني التكتلات الاقتصادية الإسلامية ...   (   )

٨) الاحترام والتقدير والتطوير ...   (   )

ا. من شروط تحسين العلاقة بين الشرق والغرب

ب. إلى رفض التعصب العرقي والديني

ج. عن شرح الصورة الصحيحة للإسلام

د. التكافؤ في المفاوضات مع الغرب

و. من عناصر زيادة التفاهم بين الإسلام والغرب

ه. بدأت بالفتح الإسلامي للاندلس والغرب

ز. ضاراً بالانسان أو الطبيعة الإسلام والغرب

ح. لا يساعد على حل المشكلات المعلقة بين الإسلام والغرب

3. Choose the correct synonym for the underlined word.

١) <u>يختتم</u> المؤتمر أعماله اليوم.

ا. يبدأ   ب. يستهل   ج. ينهي   د. يستمر

٢) أكد المؤتمر ضرورة <u>تجاوز</u> ذكريات التاريخ السلبية.

ا. التعبير عن   ب. نسيان   ج. تذكّر   د. التذكير بـ

٣) قال الوزير إنه يجب تحسين الصورة <u>المشوهة</u> عن كل طرف لدى الطرف الآخر.

ا. مزّينة   ب. مسيئة   ج. مجملة   د. متكافئة

٤) يفرض الإسلام <u>ضوابط</u> خلقية واجتماعية للبحث العلمي.

ا. قواعد   ب. قرارات   ج. أركان   د. مواقف

٥) يعتبر الإسلام <u>المساس</u> بالشعور الديني للآخرين تعد على حقوق الآخرين.

ا. تعليق   ب. تعبير   ج. ادانة   د. جرح

4. Fill in the blanks in the following sentences to complete this summary of the Main Text.

من أهم القرارات والتوصيات التي ذكرت في المؤتمر العالمي التاسع للمجلس الأعلى للشؤون الإسلامية:

١) ضرورة الـ _____ الـ _____ بين الشعوب.

٢) تجاوز الـ _____ وتحسين الـ _____ الـ _____ عن كل _____ لدى _____ الآخر.

٣) الـ _____ والـ _____ لهما دور فعّال في تحسين العلاقات بين الاسلام والغرب.

٤) الـ ________ الاقتصادية الإسلامية تدخل الدول الإسلامية في ________ متكافئة مع الغرب.

٥) الـ ________ والـ ________ والـ ________ من ضروريات انهاء الصراع بين الاسلام والغرب.

٦) الاسلام والغرب يتفقان على ضرورة الـ ________ الـ ________ لتطوير حياة الانسان، ويحترمان الـ ________ الـ ________ ولكن ليس على حساب فئة من البشر، ويؤيدان حرية الـ ________ عن الـ ________ و________ الـ ________ في الحرب والسلم، ويرفضان الـ ________ في الدين والـ ________ الـ ________ والـ ________ .

VI. Supplementary Material.

1. Vocabulary. **المفردات.**

Words and expressions in the order in which they appear in the Supplementary Text.

محو = إزالة = القضاء على	
نداء	appeal
خوض = دخول	
تحدٍّ (التحدّي) (ج) تحدّيات	challenge
الأمية	illiteracy
محاربة	fighting
آفة (ج) ات	parasite
ناشد - يناشد (مناشدة)	to implore
تضافر = توحيد	
حَيوي	vital
أهاب = ناشد = طالب	
مؤسّسة (ج) ات	institution
اعتماد	adopting
ذَكَر (ج) ذكور	male
أُنثى (ج) إناث	female
عَتَبة (ج) أعتاب	threshold
تصدٍّ (التصدّي)	facing
يتعيّن على = يجب على	
عار	shame
قوّة (ج) قوى	force, power
نهض - ينهَض (نهوض) بـ	to endorse, to champion
شدّد على = أكّد على	to stress, to emphasize
تجنيد = تعبئة	mobilizing

Organizations and Official Titles.   المنظّمات والالقاب الرّسميّة.

ISESCO   المنظمة الاسلامية للتربية والعلوم والثقافة

Islamic Organization for Education, Science, and Culture

اليوم العالمي لمحو الامية

International Day for the Elimination of Illiteracy

المؤتمر العالمي حول التربية للجميع

International Conference for Education for All

Useful Expressions.   عبارات مفيدة.

on different levels	على شتّى المستويات
basic training	التكوين الأساسي
individual duty X state duty	فرض عين X فرض كفاية
in this respect	بهذا الخصوص
from the platform of	من على منبر
darkness of illiteracy	ظلمات الجهل
light of knowledge	نور العلم والمعرفة

2. Read the questions below, scan the Supplementary Text, and write brief answers.

1) What is the appeal the ISESCO directed to the Islamic world?

2) What is the biggest challenge facing the Islamic world according to ISESCO?

3) What is Islam's view of illiteracy?

4) What are the means of fighting illiteracy as mentioned in the Supplementary Text?

3. Supplementary Text.

بمناسبة اليوم العالمي لمحوها
نداء لخوض معركة التحدي ضد الأمية في العالم الاسلامي

وجهت المنظمة الاسلامية للتربية والعلوم والثقافة «ايسيسكو» نداء الى العالم الاسلامي بمناسبة اليوم العالمي لمحو الامية، دعت فيه الى مواصلة الجهود على شتى المستويات، لمحاربة آفة الامية في البلدان الاسلامية، وناشدت فيه الدول الاعضاء كافة، تقديم الدعم الكامل للبرنامج الاسلامي الخاص لمحو الامية وللتكوين الاساسي للجميع في البلدان والجماعات الاسلامية الذي يعد برنامج الامة الاسلامية لمحو الامية الذي شاركت به في المؤتمر العالمي حول التربية للجميع.

وأكدت المنظمة الاسلامية في ندائها على ضرورة تضافر جهود العاملين في هذا المجال الحيوي الهام، على المستويين الحكومي والشعبي، من اجل التغلب على آفة الامية التي تتعارض مع التوجهات الاسلامية في مجال التربية والتعليم. وأهابت بالحكومات والمنظمات والمؤسسات والهيئات، تطوير العمل في هذا الميدان، واعتماد احدث الاساليب المساعدة على محو الامية للملايين من المسلمين ذكورا واناثا، شبابا وشيوخا، في مختلف انحاء العالم الاسلامي.

واوضحت المنظمة الاسلامية في نداءها ان محاربة الامية هي من اكبر التحديات التي تواجه الامة الاسلامية وهي على عتبة القرن الحادي والعشرين، واكدت بشدة على ان التصدي لمحو الامية هو فرض عين على كل مسلم ومسلمة ويتعين على المؤسسات الحكومية والاهلية توفير الوسائل اللازمة والامكانات الضرورية لمساعدة الجميع على اداء هذا الفرض والتخلص من عار الامية.

وذكّرت المنظمة في نداءها بالدعوة التي وجهتها الى العالم الاسلامي بهذا الخصوص من على منبر المؤتمر الاسلامي الرّابع والعشرين لوزراء الخارجية، وجددت مناشدة قادة الدول الاسلامية العمل بكل ما تملك الامة الاسلامية من وسائل وامكانات، لمحو امية الملايين من المسلمين الذين من حقهم ان يتعلموا ليخرجوا من ظلمات الجهل الى نور العلم والمعرفة.

واعتبرت المنظمة الاسلامية في نداءها الموجه الى الامة الاسلامية، ان انتشار الامية بين نصف سكان العالم الاسلامي، يشكل اكبر عائق امام التنمية والتقدم الشامل في جميع المجالات، ودعت القوى الحية في البلدان الاسلامية، الى ان تجعل من العمل على محو الامية بندا اساسيا في برنامج العمل العام الذي تنهض به في المجتمعات الاسلامية.

من جريدة «الشرق الاوسط»

بتصرف

SECTION SIX: SOCIAL ISSUES

POPULATION AND IMMIGRATION
سكان وهجرة

Lesson 12 **Resolution of the Population Problem Can Be Achieved Through Comprehensive Development.**

I. Background Information.

For many years, the rapid rate of population growth has been a major impediment to economic development in a number of Middle Eastern countries, particularly Egypt which has a population that exceeds sixty million, but it is now also threatening to slow down and possibly negate development in countries with relatively small populations and considerable financial resources, such as the Sultanate of Oman. The Main Text presents some Islamic views regarding the relationship between population growth and development, the environment, women, and abortion. The Supplementary Text focuses on the International Conference on Population and Development held in Cairo in September, 1994, which polarized world opinion on the issues raised in the Main Text.

II. Vocabulary. المفردات.

Words and expressions in the order in which they appear in the Main Text.

getting to know	التعرّف على
	رؤية = رأي = وجهة نظر
	إزاء = نحو = تجاه
to explain	أوضح - يوضح (إيضاح)
to be connected with, tied to	ارتبط - يرتبط (ارتباط) بـ
legacy	تَرِكة (ج) ات
freezing, stagnation	تجميد
growth	نُموّ
which	ممّا

to be the result of	ترتّب - يترتّب (ترتّب) على
accumulation	تَراكم
therefore	لذلك = فإنّ
	تبعات = مسؤوليات
to require	اقتضى = تطلّب
lowering	تخفيض
wrong	خاطئ
	لَقِيَ -يلقى (لقاء) = قابل
containing	احتواء
youth	شابّ (ج) شباب
utilization, exploitation	استغلال
income	دخل
power, glory	عِزّ
the hereafter	الآخِرة
subservient	مسخَّر
to subject someone to something	سخّر - يسخّر (تسخير)
	عِمارة = تنمية = تطوير
to appoint as successor	استخلف - يستخلف (استخلاف)
perspective	منظور
to belong to	انتمى - ينتمي (انتماء) إلى
successive	متعاقب
well-worn	مأثور
to sow, to plant	زرع - يزرَع (زرع)
protecting	حماية
point	نقطة (ج) نِقاط / نُقَط
to warn	حذّر - يحذّر (تحذير) من
wasting	تبديد = إتلاف
to forbid	نهى - ينهى (نهي) عن
to protect	حَفِظ - يحفَظ (حِفظ)

removing	إماطة
harm, damage, offense	أذى
dignity	كرامة
establishing	إقرار
to enjoy	تمتّع - يتمتّع (تمتّع) بـ
to regard as non-existent, to waste	أهدر - يهدر (إهدار)
to abuse	ابتذل - يبتذل (ابتذال)
virtue, purity	الطُّهر = العفاف
	عناية = اهتمام
to bestow upon	خصّ - يخصُّ (خصّ)
baby, child	طِفل (ج) أطفال
fetus	جنين (ج) أجِنّة
continuation	تتابُع
throughout	طِوال
concerned about	حريص على
place	بُقعة (ج) بقاع
abortion	إجهاض
pregnancy	حَمل
dangerous	خَطِر
starting from	إنطلاقاً من
branch	فَرع (ج) فروع

Useful Expressions. **عبارات مفيدة.**

on the sidelines of ...	على هامش
to bear responsibility	تحمّل مسؤولية (مسئولية)
which resulted in	ممّا ترتّب عليه
in this regard	في هذا الصدد
provided that	على أن + subj.

subject of interest — مـحلّ اهـتـمـام

نـبّه إلـى أنّ... = أشـار إلـى أنّ...

فضلاً عن أن... = بـالاضافة إلـى أنّ...

only in the interest of the individual — مـجـرّد مصلحة الفرد

with regard to, concerning — فـيـمـا يـتـعلق بـ

Notes.

1. *Those who came before us sowed, and we ate.* زرع مـن قـبـلـنـا فـأكـلـنـا ونـزرع
We sow for those who come after us. (A Prophetic Tradition) لـيـأكـل مـن بـعـدنـا.

2. *May Peace be upon him* صلّى الله عليه وسلّم
Muslims use this phrase after mentioning the name of the Prophet Muhammad.

Abbreviation : صلعم

3. Conditional clause ← Past Tense Verb + إذا ←

as in: If that happens إذا حدث ذلك

إذا سافرت غداً فسوف أمرّ عليك.

If I travel tomorrow, I will pass by you.

Note that the past tense verb in Arabic becomes present tense verb in English

III. Pre-Text Exercises.

1. Choose the correct synonym for the following words.

١. **خبراء**

ا. متخصّصون ب. وزراء ج أطبّاء د. حكّام

٢. **تضمّن**

ا. فهم ب. شمل ج. ألّف د. أفاد

٣. أوضح

ا. أكّد   ب. قال   ج. شرح   د. عرّف

٤. دعم

ا. تأييد   ب. تقليد   ج. زيادة   د. دعوة

٥. موارد

ا. مكاتب   ب. مصارف   ج. مصانع   د. مصادر

2. Find the English equivalent on the left for the Arabic expressions on the right.

a. from the Islamic perspective	( )	١) في مختلف مجالات
b. several projects	( )	٢) اذا حدث ذلك
c. the conference agenda	( )	٣) من المنظور الاسلامي
d. the developing countries	( )	٤) على هامش المؤتمر
e. in addition to the fact that	( )	٥) العديد من المشاريع
f. in various fields	( )	٦) من الناحية الاقتصادية
g. on the sidelines of the conference	( )	٧) جدول عمال المؤتمر
h. with regard to women	( )	٨) الدول النامية
i. on the economic side	( )	٩) فضلا عن ان
j. if that happens	( )	١٠) فيها يتعلق بالمرأة

3. Select the item which the last three paragraphs do not deal with.

١ المرأة

٢. الزواج

٣. الطفل

٤. الإجهاض

4. Skim through a miniature of the Main Text below. What is the main idea? Consult the Vocabulary Section for words and expressions with which you are not familiar. Complete the exercise that follows.

صـرح علمـاء الدين المشـاركـون في المؤتمر الدولـي للسكان والتنمـيـة الذي عـقـد في القـاهـرة بأن حل المشكلة السكانيـة سيتحقق من خلال التنمية الشاملة. وطلبوا بأن تتحمل الدول المتقدمة مسؤوليتها في مساعدة المجتمعات الإسلامية والدول النامـيـة. وأشاروا إلى حفظ الاسـلام لكرامـة المرأة ورفـضـهم للإجهاض كوسيلة لتنظيم الأسرة مع اجازته وفق الشروط التي حددتها الشريعة الإسلامية مثل تعرض الأم للخطر اثناء الحمل.

This mini-text indicates that the religious scholars and experts attending the Conference believe all of the following except:

a. The solution to the population problem may be found in comprehensive development.

b. The developed countries must help the Islamic and other developing countries.

c. Islam has protected the dignity of women.

d. Islam totally rejects abortion.

IV. Main Text.

علماء الدين المشاركون في المؤتمر الدولي للسكان والتنمية:

حل المشكلة السكانية يتحقق من خلال التنمية الشاملة

على هامش المؤتمر الدولي للسكان والتنمية الذي عقد بالقاهرة التقت الاهرام بعدد من علماء الدين وخبراء السكان للتعرف على رؤيتهم ازاء القضايا التي يتضمنها جدول أعمال المؤتمر وقد أكد العلماء ان حل المشكلة السكانية يتحقق من خلال التنمية الشاملة وطالبوا بأن تتحمل الدول المتقدمة مسئوليتها في مساعدة المجتمعات الاسلامية والدول النامية بشكل عام لدفع عجلة التنمية بها.

أوضح أستاذ الدراسات السكانية بالجامعة الأردنية ان المشكلة السكانية في الدول الإسلامية والعالم النامي بشكل عام ترتبط بالنظام الاقتصادي وتركات الاستعمار الذي أدى إلى تجميد النمو الاقتصادي في مختلف المجالات مما ترتب عليه تراكم المشكلة السكانية ولذلك فإن على الدول المتقدمة ان تتحمل تبعاتها في هذا الصدد من خلال تقديم المساعدات للدول النامية على أنْ توجه للمشاريع التنموية وهذا يقتضي ان تكون هذه المساعدات غير مشروطة.

ونبه إلى ان ربط المساعدات بتخفيض النمو أمر خاطئ لأن هذه السياسة سوف تلقى معارضة شديدة فضلا عن أن هناك العديد من المشاريع التنموية التي تحتاج إلى تطوير ودعم واذا حدث ذلك فإنه يمكن إحتواء المشكلة السكانية لأن حل المشكلة السكانية إنما يتم من خلال تحقيق التنمية الشاملة التي تتضمن الجوانب الاقتصادية والاجتماعية والثقافية، فإذا كان لدينا فرص عمل للشباب أو موارد كافية أو استغلال جيد للموارد فلا توجد مشكلة سكانية كما أن تحقيق التوازن في توزيع السكان ودخل المجتمع يساعد في حل هذه المشكلة.

وعرض أستاذ آخر الرؤية الاسلامية للتنمية الشاملة فيقول إن الاسلام هو رحمة الله للعالمين يحقق لهم عز الدنيا وسعادة الآخرة مشيرا إلى أن الرسالة الخاتمة تدعو إلى عمارة الأرض وتحقيق التنمية على مختلف المستويات.

فمن الناحية الاقتصادية بيّن الاسلام أن كل ما في الكون مسخر للانسان وعليه ان يسعى ويعمل لاستثمار ما سخر الله له حتى يصل إلى عمارة الأرض التي استخلفه الله عليها.

كما ان هدف التنمية من المنظور الاسلامي ليس مجرد مصلحة الفرد وإنما ايضا لمصلحة الجماعة التي ينتمي إليها بل لمصلحة المجتمع الانساني كله، فضلا عن انها يجب ان تكون لمصلحة الاجيال المتعاقبة وهو مايعبر عن القول المأثور «زرع من قبلنا فأكلنا ونزرع ليأكل من بعدنا».

واذا كان الحفاظ على المصادر الطبيعية وحماية البيئة من بين النقاط محل إهتمام العالم اليوم وبخاصة في مؤتمر السكان فان الاسلام قد دعا إلى الحفاظ على المصادر الطبيعية وحذر من تبديدها أو اتلافها فقد نهى الرسول صلى الله عليه وسلم عن الاسراف في المياه ولو كان الانسان على نهر جار، وجعل إماطة الأذى عن الطريق من شعب الايمان.

وفيما يتعلق بالمرأة والطفل يؤكد إمام المسجد الأقصى بفلسطين ان الاسلام قد حفظ كرامة المرأة وكان له السبق في إقرار حقوقها التي تتمتع بها في حين ان بعض الدول المتقدمة تهدر كرامة المرأة وتبتذلها لأن كرامتها تتحقق بالطهر والعفاف وليس باستغلالها كسلعة تجارية.

وأشار إلى العناية التي يخص بها الاسلام الطفل منذ كونه جنينا مع تتابع هذه العناية طوال مراحل حياته وقال انه اذا كان الغرب حريصا فعلا على اطفالنا فيجب ان يعمل على وقف الحروب التي يتم فيها اطفال المسلمين في كثير من بقاع العالم.

وأكد انه لايجوز الاجهاض إلا في حالة واحدة وهي المحافظة على صحة الأم أي عندما يكون الحمل خطرا على حياتها وذلك انطلاقا من قاعدة تقديم الاهتمام بالأصل فالأم هي الأصل والجنين هو الفرع.

من جريدة «الأهرام»
بتصرف

V. Post-Text Exercises.

1. Read the Main Text carefully and then select the appropriate answer(s).

١) يجب على الدول المتقدمة ان تتحمل مسؤولية استعمارها للدول النامية فـ...

ا. تقدم الاستشارة الاقتصادية للدول الاسلامية
ب. تشارك في عملية التنمية
ج. تقدم مساعدات غير مشروطة للعالم الاسلامي
د. تمول مشاريع تنموية في الدول النامية

٢) تعني عبارة "التنمية الشاملة"...

ا. تحقيق التقدم السياسي فقط
ب. تحقيق التطور الاجتماعي فقط
ج. تحقيق التنمية الاقتصادية فقط
د. تحقيق التنمية في مختلف المجالات

٣) يرى الاسلام ان التنمية في مصلحة ...

ا. الفرد
ب. الجماعة
ج. المجتمع والاجيال القادمة
د. كل هذه الامور

٤) قال استاذ الدراسات السكانية إن حل المشكلة السكانية يتم من خلال

ا. تحقيق التنمية الاقتصادية فقط
ب. تحقيق تقدم اقتصادي وثقافي واجتماعي
ج. استخدام الشباب الجيد للموارد
د. توزيع دخل المجتمع على السكان

٥) يرى إمام المسجد الأقصى ان وضع المرأة في المجتمعات المتقدمة...

ا. نظرة إيجابية
ب. يماثل وضع المرأة في المجتمعات الاسلامية
ج. غير موجودة في هذا المقال
د. نظرة سلبية

170

2. Indicate whether the following statements are true or false according to the Main Text.

١) ان حل المشكلة السكانية يتحقق من خلال التنمية الاقتصادية فقط.	F	T
٢) تدعو رسالة النبي محمد إلى البناء والتنمية.	F	T
٣) ان هدف التنمية مصلحة الفرد فقط.	F	T
٤) قد حفظ الاسلام والدول الغربية كرامة المرأة.	F	T
٥) يجب ان يعمل الغرب على وقف الحروب.	F	T
٦) لا يجوز الإجهاض إلا في حالة الخطر على الجنين.	F	T

3. Fill in the blanks with a suitable word or phrase.

١) اجتمعت جريدة الاهرام بعدد من علماء ________ و خبراء ________

للتعرف على ________ ازاء قضايا بما فيها العلاقة بين المشكلة السكانية

والتنمية والبيئة والمرأة والإجهاض.

٢) قال استاذ الدراسات السكانة ان الدول ________ تتحمل مسؤولية تركات

________ الذي أدّى إلى تجميد ________ .

٣) ان هدف التنمية في نظر الاسلام مصلحة ________ الانساني كله.

٤) دعا الاسلام إلى ________ على المصادر الطبيعية وحذر من تبديدها.

٥) ان بعض الدول المتقدمة تهدر ________ المرأة وتستغلها كسلعة ________ .

4. Complete the following sentences with the most appropriate prepositional phrase..

١) أوضح استاذ الدراسات السكانية ان المشكلة السكانية ترتبط ... ( )

٢) ان المشاريع التنموية تحتاج ... ( )

٣) يقال ان المرأة تتمتع ... ( )

٤) أشار إمام المسجد الأقصى ... ( )

٥) هناك العديد ... ( )

ا. بحقوقها في عدد صغير من دول العالم.

ب. إلى العناية التي يخص بها الإسلام الطفل.

ج. بالنظام الاقتصادي.

د. من المشاريع التنموية.

ه. إلى تطوير ودعم.

5. Translate the following sentences into Arabic.

a. Comprehensive development includes economic, social, and cultural aspects.

b. If we have job opportunities for young people, sufficient resources, and good exploitation of resources, no population problem will exist.

c. If the West cares about our children, it has to work toward stopping wars.

VI. Supplementary Material.

1. Vocabulary.

المفردات

Words and expressions in the order in which they appear in the Supplementary Text.

value	قيمة (ج) قِيَم
sign	بادرة (ج) بوادر
formula	صياغة = صيغة
clause	بند (ج) بنود
to cost	تكلّف
migration	هِجرة
	أرجأ = أجّل
	إرجاء = تأجيل
to obtain	حَظِيَ – يحظَى (حُظوة) بـ
agreement, unanimity, consensus	إجماع
inflexible, rigid	متصلّب
criticism	انتقاد (ج) ات
meeting place	منتدى (ج) ات
initiative	مبادرة (ج) ات
exceptional	استثنائي
sincere, truthful	صادِق
compromise, conciliatory	توفيقي
finishing, deciding on	حسَم
preamble	ديباجة
allocating, privatization	تخصيص

Organizations and Official Titles.

المنظّمات والألقاب الرّسميّة.

Minister Plenipotentiary	الوزير المفوّض

Useful Expressions.

عبارات مفيدة.

family planning	تنظيم الأُسرة
controversial	موضع جدل
quasi-agreement	شبه اتفاق
compromise	حلّ وسط
sex education	التربية الجنسية
to raise controversy	أثار جدلاً
(Gross) National Product	الناتج القومي (الإجمالي)

2. Read the questions below, scan the Supplementary Text, and write brief answers.

1) How much money is needed to finance the working program of the conference?

2) Which was the most controversial subject discussed?

3) Which countries attempted to find a compromise solution to this controversial issue?

4) What did the U.N. Development Fund propose?

3. Supplementary Text.

مؤتمر السكان يبحث توفير ١٧ مليار دولار لبرامج التنمية وحل المشكلة السكانية في العالم

الدول النامية تطالب بالنص في الوثيقة على قيمة المساعدات وأن تشمل التعليم والصحة الى جانب تنظيم الأسرة

بوادر قوية للتوصل الى اتفاق على الوثيقة النهائية اليوم ولجنة خاصة لوضع صياغة بديلة لبند الإجهاض

انتقل مؤتمر السكان والتنمية في يومه الرابع أمس الى مناقشة توفير التمويل اللازم لتنفيذ برنامج عمل المؤتمر والذي سيتكلف مبلغا يتراوح ما بين ١٥ و١٧ مليار دولار تزيد إلى ٢٢ مليار دولار عام ٢٠٠٥، كما بدأ المؤتمر مناقشة المشكلات المرتبطة بالتوزيع السكاني والهجرة الداخلية والخارجية، وأرجأ المؤتمر مناقشة الموقف النهائي من قضية الاجهاض التي ظلت موضع الجدل طوال الأيام الماضية لحين الاتفاق على الصيغة البديلة لها، بينما ساد شبه اتفاق على معظم بنود الوثيقة وسط بوادر قوية بامكانية التوصل الى اتفاق على الوثيقة النهائية اليوم ثم تتوقف أعمال المؤتمر لعطلة نهاية الأسبوع غداً وبعد غد ويستأنف أعماله يوم الاثنين ويعلن اختتام أعماله وقرارته يوم الثلاثاء القادم.

وكانت أغلبية أعضاء المؤتمر قد اتفقت على إرجاء مناقشة قضية الإجهاض بعد أن مرت ثلاثة أيام دون التوصل الى صيغة تحظى بالإجماع العام بسبب معارضة الفاتيكان ومعه ٨ دول على صيغة الحل الوسط الذي أقرته الأغلبية للبند الخاص بالإجهاض. وتقرر على اثر ذلك احالة صيغة الحل الوسط الى اللجنة المختصة بالصياغة مرة أخرى على أن تقدم صياغة بديلة تتم مناقشتها اليوم مع موضوع التربية الجنسية. وقد واجه موقف الفاتيكان المتصلب انتقادا حادا من غالبية الوفود وداخل منتدى المنظمات غير الحكومية الذي يعقد على هامش مؤتمر السكان.

وتقدم الوفد الايراني بمبادرة للتشاور مع الفاتيكان للتوصل الى حل وسط لقضية الإجهاض. وقال رئيس الوفد ان ايران توافق على الاجهاض في حالات استثنائية جدا، مشيرا الى أن مصر صادقة في التوصل الى وثيقة للمؤتمر تتفق مع الدين وتحقق نتائج ايجابية في موضوع الاجهاض.

وعلم «الأهرام» ان الولايات المتحدة ودول الاتحاد الأوروبي قدمت نصا توفيقيا جديدا للفقرة ٢٥ من الفصل الثامن من وثيقة المؤتمر الخاصة بالاجهاض الى مندوب الفاتيكان للموافقة عليها. وقالت مصادر مطلعة ان أحد مندوبي وفد الفاتيكان حمل النص المعدل وغادر القاهرة للتشاور مع البابا، وينتظر وصوله اليوم، لحسم هذه الفقرة التي تثير جدلا كبيراً، وسيترتب على الموافقة عليها الانتهاء وبسرعة من معظم بنود الوثيقة.

وأعلن أيمن الأمير المتحدث الرسمي باسم المؤتمر انه حدث تقدم في المناقشات التي دارت حول مشروع البيان الختامي حتى الآن. وقال المتحدث في مؤتمره الصحفي أمس ان اللجنة الرئيسية قاربت على الانتهاء حيث انتهت بالفعل من مناقشة ديباجة مشروع البيان الختامي، ومازالت هناك بعض المناقشات تدور حول ادخال وتعديل بعض المبادئ.

وصرحت وزيرة مفوضة، مديرة الادارة الاقتصادية بوزارة الخارجية وعضو الوفد المصري بأن صندوق الأمم المتحدة للتنمية تقدم باقتراح بتخصيص ٠٫٠٧٪ من الناتج القومي للدول الصناعية لمعونات التنمية وبذلك تتزايد قيمة المعونات عاما وراء عام بزيادة الناتج القومي للدول الصناعية. وأضافت انه ينتظر زيادة قيمة المبلغ المقترح لمساعدات التنمية من ١٧ مليار دولار الى ٢٢ مليار دولار عام ٢٠٠٥.

من جريدة «الاهرام»
بتصرف

Glossary

ا

following, coming (L7)	آت
effect (L3)	أثَر (ج) آثار
immediately after	إثرَ
well-worn (L12)	مأثور
postponed (L2)	مؤجَّل
the hereafter (L12)	الآخِرة
performance, performing (L5, L11)	أداء
to lead to (L1)	أدّى – يؤدّي (تأدية) إلى
tool (L10)	أداة (ج) أدَوات
harm, damage, offense (L12)	أذى
objective, goal (L7)	مأرب (ج) مآرب
crisis (L5)	أزمة (ج) ات
towards (L12)	إزاء
tragedy (L7)	مأساة (ج) مآس
institution (L11)	مؤسّسة (ج) ات
parasite (L11)	آفة (ج) ات
to confirm (L2)	أكّد – يؤكّد (تأكيد)
to emphasize, to stress (L1)	أكّد – يؤكّد (تأكيد) على
mechanism, policy (L2)	آليّة
equipment (L3)	آلات
coalition (L6)	ائتلاف
conference (L1)	مؤتمر (ج) ات
security, secure (L4)	أمني

trust, secretariat (L10)	أمانة
illiteracy (L11)	الأمية
female (L11)	أُنثى (ج) إناث
resumption, resuming (L2)	استئناف
to enable (L7)	أهّل - يؤهّل (تأهيل)
to support (L2)	أيّد - يؤيّد (تأييد)

ب

emanating from (L4)	منبثِق عن
wasting (L12)	تبديد
sign (L12)	بادرة (ج) بوادر
initiative (L12)	مبادرة (ج) ات
alternative (L8)	بديل (ج) بدائل
exchange (L2)	مبادلة (ج) ات
to abuse (L12)	ابتذل - يبتذل (ابتذال)
yesterday (L6)	البارحة
justified (L4)	مبرَّر
to emerge (L9)	برز - يبرُز (بروز)
most distinctive (L4)	أبرز
concluding (L7)	إبرام
concluded (L4)	مُبرَم
human (L2)	بَشَري
to hold up, to slow down (L6)	تباطأ - يتباطأ (تباطؤ)
invalidation, abolition (L6)	إبطال
envoy (L2)	مبعوث (ج) ون
dimension (L10)	بُعد (ج) أبعاد
disparity (L2)	تباعد

for the purpose of (L5)	بُغْية
to reach (L1)	بلغ – يبلُغ (بلوغ)
place (L12)	بُقعة (ج) بقاع
to keep (L11)	أبقى – يبقي (إبقاء) على
clause, article (L12)	بند (ج) بنود
gasoline (L9)	بنزين
infrastructure (L7)	بُنية
to adopt (L7)	تبنّى – يتبنّى (تبنٍّ)
following, adopting (a policy) (L5)	تَبَنٍّ (التّبنّي)
environment	بيئة
statement (L5)	بَيان (ج) ات
showing (L10)	مُبَيِّنا

ت

of (L10)	تابع لـ
responsibilities (L12)	تبعات
follow up (L2)	متابعة
followed, adopted (L5)	مُتَّبَع
continuation (L12)	تتابُع
legacy (L12)	تَرِكة (ج) ات
to damage, to spoil (L10)	أتلف – يتلف (إتلاف)
available (L11)	مُتاح

ث

result, fruit (L3)	ثَمْرة (ج) ثِمار
investment (L1)	استثمار (ج) ات
bilateral (L1)	ثُنائي
exception (L4)	استثناء (ج) ات
exceptional (L12)	استثنائي
to arise, to be stirred up (L8)	ثار – يثور (ثورة)
to be raised (L7)	أُثيرَ – يُثار

ج

new developments (L10)	مستجدّات
serious (L3)	جاد
criminal (L4)	مُجرِم (ج) ون
current, present (L8)	جارٍ (الجاري)
island (L7)	جزيرة (ج) جُزُر
freezing, stagnation (L12)	تجميد
agreement, unanimity, consensus (L12)	إجماع
together, combined (L9)	مجتمعةً
group (L7)	مجموعة (ج) ات
total (L3)	إجماليّ
wing (L1)	جناح (ج) أجنِحة
mobilizing (L11)	تجنيد
paradise, heaven (L10)	جَنّة
fetus (L12)	جنين (ج) أجِنّة
complying with (L6)	الاستجابة لـ
exceeding, surpassing (L9)	تجاوز

hungry (L3)	جائع (ج) جَوْعى
essential (L9)	جوهري
abortion (L12)	إجهاض
atmosphere (L2)	جوّ (ج) أجواء
to tour (L1)	تجوّل - يتجوّل (تجوُّل)
area, field (L3)	مجال
generation (L11)	جيل (ج) أجيال

ح

to urge (L10)	حثّ - يحُثّ (حثّ) على
barrier (L4)	حاجز (ج) حواجز
volume (L1)	حَجْم
occurence (L8)	حُدوث
challenge (L11)	تحدٍّ (التحدّي) (ج) تحدّيات
sharp (L9)	حادّ
to warn (L12)	حذّر - يحذّر (تحذير) من
fighting (L11)	محاربة
to be eager to, to make sure (L4)	حرص - يحرِص (حِرص) على
eagerness to (L7)	حِرص على
eager to, concerned about (L12)	حريص على
move (n.) (L1)	تحرّك (ج) ات
sensitive (L8)	حسّاس
finishing, deciding on (L12)	حسَم
proper (L10)	حُسنى
quota (L9)	حِصّة (ج) حصص
statistical (L4)	إحصائي

civilization (L1)	حضارة
to obtain (L12)	حَظِيَ - يحظَى (حُظوة) بـ
to protect (L12)	حَفِظ - يحفَظ (حِفظ)
forum (L7)	محفل (ج) محافل
appealing to (L7)	الاحتكام إلى
court (L8)	محكمة (ج) محاكم
portfolio (L6)	حقيبة (ج) حقائب
to achieve (L1)	حقّق - يحقّق (تحقيق)
unquestionable, beyond doubt (L4)	مُحقّق
alliance (L8)	تحالُف
subject of (L12)	محلّ
pregnancy (L12)	حَمل
probable (L4)	محتمل
preserve (n.), protectorate (L10)	محمية (ج) ات
protecting (L12)	حماية
seizing (L9)	الاستحواذ على
dialogue (L2)	حوار
alliance (L1)	مِحوَر
so as (L5)	بِحَيْثُ
to include, to contain (L1)	احتوى - يحتوي (احتواء) على
tanker (L4)	حاوية (ج) ات
vital (L11)	حَيوي
to surround (L4)	أحاط - يحيط (إحاطة) بـ
reserves (L9)	احتياطات

خ

expert (L4)	خبير (ج) خبراء

end (L2)	ختام
joining (L7)	الانخراط في
storing (L8)	تخزين
loss (L4)	خسارة (ج) خسائر
to bestow upon (L12)	خصّ – يخصُّ (خصّ)
allocating, privatization (L12)	تخصيص
peculiarity, special characteristic (L10)	خصيصة (ج) خصائص
especially (L6)	خصوصاً
specialized (L10)	متخصّص
specialist (L4)	مُختَصّ (ج) ون
experienced (L6)	مُخَضْرَم (ج) ون
subjecting (L8)	إخضاع
wrong (L12)	خاطئ
dangerous (L12)	خَطِر
seriousness (L7)	خطورة
plan (L1)	خِطّة (ج) خِطَط
lowering (L12)	تخفيض
decline (L9)	انخفاض
getting rid of (L8, L11)	التخلّص من
to violate, be at variance with (L10)	خالف – يخالف (مخالفة)
violation (L5)	مخالفة (ج) ات
waste (L10)	مُخلَّفات
to appoint as successor (L12)	استخلف – يستخلف (استخلاف)
successor (L11)	مستخلَف
creating (L4)	خلق
moral (L11)	خُلُقي
creation (L10)	خليقة (ج) خلائق
imbalance (L8)	خَلَل
to give up (L11)	تخلّى – يتخلّى (تخلٍّ) عن

entering (L11)	خوض
choice (L2)	خَيار
good things, resources (L10)	خَيْرات

د

interference (L6)	تدخُّل
income (L12)	دخل
alien, foreign (L7)	دخيل (ج) دخلاء
smoke (L10)	دخّان (ج) أدخنة
smoking (L10)	تدخين
bicycle (L9)	درّاجة (ج) ات
	تدرّج - يتدرّج (تدرّج)
to be promoted, to progress gradually (L6)	
to come within (L2)	اندرج - يندرج (اندراج)
constitution (L5)	دستور (ج) دساتير
subsidy (L4), support (L7)	دعم
to call for (L2)	دعا - يدعو (دعوة) لـ / الى
forcing, pushing (L6)	دفع
push (forward) (L8)	دَفعة
incentive (L7)	دافِع (ج) دوافع
flow (L9)	تدفُّق
amalgamation (L3)	اندماج
destruction, destroying) (L3)	تدمير
house (L10)	دار (ج) دور
to last (L6)	دام - يدوم (دوام)
without (L6)	بدون
preamble (L12)	ديباجة

debt (L3)	دَيْن (ج) ديون
indebtedness (L3)	مديونيّة

ذ

fluctuation (L3)	تَذَبْذُب (ج) ات
atomic (L7)	ذرّي
male (L11)	ذَكَر (ج) ذُكور
anniversary (L5)	ذِكرى

ر

capital (L7)	رأس مال (ج) رؤوس أموال
opinion (L12)	رؤية
to be connected with, tied to (L12)	ارتبط - يرتبط (ارتباط) بـ
to be the result of (L12)	ترتّب - يترتّب (ترتّب) على
to postpone (postponement) (L12)	أرجأ - يرجئ (إرجاء)
to fall back, to decline (L9)	تراجع - يتراجَع (تراجع)
deterioration (L5)	تراجُع
reviewing (L5)	مراجعة
authority, reference (L8)	مرجع (ج) مراجع
setting (L4)	إرساء
to nominate (L6)	رشّح - يرشّح (ترشيح)
candidate (L6)	مرشّح (ج) ون
to watch, to observe (L9)	رصد - يرصُد (رصد)

satisfying (L6)	إرضاء
rejected (L7)	مرفوض
to accompany (L2)	رافق - يرافق (مرافقة)
facility, utility, installation (L10)	مِرفَق (ج) مرافق
luxury (L9)	ترفيه
control, supervision (L7)	رِقابة
expected (L6)	مُرتَقَب
the most developed, advanced (L4)	أرقى
accumulation (L12)	تَراكم
terrorist (L7)	إرهابي (ج) ون
spirit (L7)	روح (ج) أرواح
satisfaction (L2)	ارتياح
to vary (L4)	تراوح - يتراوح (تراوح)
pioneer (L5)	رائد (ج) رُوّاد

ز

to sow, to plant (L12)	زرع - يزرَع (زرع)
agricultural (L4)	زراعي
to disturb, to alarm (L3)	أزعج - يُزعِج (إزعاج)
intended (L5)	مُزْمَع
chronic (L10)	مُزمِن
about, around (L5)	زُهاء
flourishing (L5)	ازدهار
to exceed, to be more than (L1)	زاد - يزيد (زيادة) عن
removing, abolishing (L5)	إزالة

س

matter, problem (L6)	مسألة (ج) مسائل
official (L1)	مَسْؤول (ج) ون
reason, cause (L7)	مسبِّب (ج) ات
previous (L5)	مُسبَق
withdrawal (L1)	انسحاب
subservient (L12)	مسخَّر
coastal (L10)	ساحلي
to subject someone to something (L12)	سخّر - يسخّر (تسخير)
speeding up , accelerating (L3)	الإسراع بـ
to be effective or valid (L7)	سرى - يسري (سَرَيان) بـ
effectiveness (L8)	سرَيان
to seek to (L2)	سعى - يسعَى (سعي) لـ
to result in (L2)	أسفر - يسفر (إسفار) عن
dropping (L4)	إسقاط
ceiling (L9)	سقف (ج) سُقوف
armament (L7)	تسلّح
good, commodity (L4)	سِلعة (ج) سِلَع
interesting (L1)	مسلٍّ
tolerant (L7)	سمحاء
tolerance (L11)	تسامُح
to establish (L6)	سنّ - يسِنّ - (سنّ)
contribution (L3)	مساهمة (ج) ات
sovereignty (L7)	سيادة
politician (L6)	سياسي (ج) ون / ساسة
proper, correct (L10)	سَوِي
to follow (L6)	سار - يسير (سَير) على
course, path, track (L1)	مسار (ج) ات

process (L2), march (L5)	مسيرة

ش

youth (L12)	شابّ (ج) شباب
to be suspected (L8)	أُشتُبِه – يُشتَبَه (اشتباه) بـ
suspect (n.) (L7)	مشبوه (ج) ون
various (L4)	شتّى
truck (L9)	شاحنة (ج) ات
reforestation (L10)	تشجير
to stress, to emphasize (L11)	شدّد – يشدّد (تشديد) على
provision, condition (L3)	شرط (ج) شروط
to impose as a condition (L6)	اشترط – يشترط (اشتراط)
partner (L1)	شريك (ج) شُرَكاء
socialist (L6)	اشتراكي (ج) ون
legislation (L4)	تشريع (ج) ات
project (L3)	مشروع (ج) ات / مشاريع
legitimate (L5)	مشروع
to occupy (L6)	شغَل – يشغَل (شُغل)
operating (L9)	تشغيل
transparent (L5)	شفّاف
transparency (L4)	شفافيّة
brotherly (L2)	شقيق (ج) أشِقّاء
derivatives (L9)	مُشتقّات
to complain (L3)	شكا – يشكو (شكوى)
consultation, consulting (L2)	تشاوُر
consultation (L6)	مشاورة (ج) ات
pointing to (L4)	مشيراً إلى

distorted (L11)	مُشوَّه

ص

to look for, to hope for (L5)	صبا – يصبو (صبو) إلى
to accompany (L10)	صاحب – يصاحب (مصاحبة)
exports (L1)	صادرات
to be in the lead (L9)	تصدّر – يتصدّر (تصدّر)
bringing about (L7)	استصدار
to coincide with (L5)	صادف – يصادف (مصادفة)
sincerity (L9)	صِدق
sincere, truthful (L12)	صادِق
to ratify (L10)	صادَق – يصادِق (مصادقة) على
ratification (L8)	التصديق على
facing (L11)	تصدٍّ (التصدّي)
to clash (L7)	اصطدم – يصطدم (اصطدام)
struggle (L9)	صِراع (ج) ات
emission (L10)	صرف
strict (L8)	صارم
level (L5)	صعيد
net (L4)	صافٍ (الصافي)
inflexible, rigid (L12)	متصلّب
reform (L1)	إصلاح (ج) ات
categorization (ing) (L10)	تصنيف
to vote (L5)	صوّت – يصوّت (تصويت)
voting (L8)	تصويت
formula (L12)	صياغة

ض

controlling (L7)	ضبط
limit, rule (L11)	ضابط (ج) ضوابط
inflated (L1)	مُتَضَخِّم
to harm (L3)	أضرّ - يضرّ (إضرار) بـ
to weaken (L7)	أضعف - يضعف (إضعاف)
to be doubled (L4)	تضاعف - يتضاعف (تضاعُف)
pressure (L8)	ضغط (ج) ضغوط
unifying (L11)	تضافر
to include (L1)	ضمّ - يضُمّ (ضَم)
to join (L10), joining (L8)	انضمّ - ينضمّ (انضمام) إلى
noise (L10)	ضَوْضاء
to host (L10)	استضاف - يستضيف (استضافة)

ط

class, level (L7)	طَبَقة (ج) ات
to be applied to (L9)	انطبق - ينطبق (انطباق) على
similar to (L6)	مُطابق لـ
to take place suddenly, to befall (L2)	طرأ - يطرَأ
to be discussed (L4)	طُرِقَ - يُطْرَقُ
baby, child (L12)	طِفل (ج) أطفال
overlooking (L10)	مُطلّ على
aspiration (L5)	تطلُّع (ج) ات
beginning (L3)	مطلع
to become acquainted with, see (L1)	اِطّلع - يطّلع (اطّلاع) على
to assume, to play (L3)	اضطلع - يضطلع (اضطلاع) بـ

to name (L7)	أطلق – يطلق (إطلاق) على
starting from (L12)	إنطلاقاً من
starting point (L5)	مُنطَلَق
ambition (L5)	طُموح (ج) ات
virtue, purity (L12)	طُهر
pure, clean (L10)	طَهور
throughout (L12)	طِوال

ظ

shadow, shade (L4, L11)	ظِل (ج) ظِلال
to remain (L6)	ظلّ – يظَلّ
emergence	ظهور
phenomenon (L10)	ظاهرة (ج) ظواهر

ع

burden (L4)	عِبْء (ج) أعباء
worship (L10)	عِبادة
through, via (L7)	عبر
threshold (L11)	عَتَبة (ج) أعتاب
to stumble (L3)	تعثّر – يتعثّر (تعثُّر)
deficit (L1)	عَجْز
speeding up, accelerating (L8)	تعجيل
to be considered (pass.) (L8)	عُدَّ – يُعَد
attacking (L11)	تعدٍّ (التعدّي) على

several (L1)	العديد من
plurality, diversity (L11)	تعدُّدية
preparation, preparing (L1)	إعداد
average (L4)	معدَّل (ج) ات
moderation (L1)	اعتدال
to express (L1)	أعرب – يعرب (إعراب) عن
expressing (L5)	مُعرِباً عن
throne (L6)	عرش
to be subject to (L3)	تعرّض – يتعرّض (تعرّض) لـ
exhibition (L1)	معرض (ج) معارض
exposed to (L3)	معرَّض (ج) ون لـ
getting to know (L12)	التعرّف على
battle (L8)	معركة (ج) معارك
power, glory (L12)	عزّ
strengthening (L2)	تعزيز
intention (L5)	عزم
determined to (L1)	عازم على
member (L1)	عُضْو (ج) أعضاء
membership (L5)	عضوية
presumptuous, haughty (L10)	متعاظم
exemption (L3)	إعفاء
punishment (L11)	عِقاب
to follow (L2)	أعقب – يعقب (إعقاب)
obstacle (L5)	عَقَبة (ج) ات
successive (L12)	متعاقب
to hold (a meeting, a conference) (L1)	عقد – يعقد (عَقد)
decade (L9)	عِقد (ج) عقود
convening, holding (L4)	إنعقاد
arrests (L6)	اعتقالات
related to (L5)	تعلّق – يتعلّق (تعلّق) بـ

the media (L10)	الإعلام (وسائل الإعلام)
known (L5)	معلوم
approval, acceptance (L5), adopting (L11)	اعتماد
development (L12)	عِمارة
depth (L4)	عُمق
deepening (L5)	تعميق
practical (L5)	عَمَلي
proceedings (L1)	أعمال
factory, plant (L3)	معمل (ج) معامل
transactions (L1)	تَعامُلات
interest (L12)	عناية
to be entrusted with (L6)	عُهِدَ - يُعهَد (عهد) الى... بـ
treaty (L1)	معاهدة (ج) ات
revenue (L3)	عائِد (ج) عوائِد
obstacle (L9, L11)	عائِق (ج) عوائِق
shame (L11)	عار
support, assistance (L1)	معونة (ج) ات
to suffer from (L3)	عانى - يعاني (معاناة) من
aid, subsidy (L4)	إعانة (ج) ات
criterion (L5), standard, norm (L6)	معيار (ج) معايير
to be incumbent upon (L8)	تعيّن - يتعيّن (تعيّن) على

غ

to last (L1)	استغرق - يستغرق (استغراق)
to disregard, to ignore (L6)	تغافل - يتغافل (تغافل)
utilization, exploitation (L12)	استغلال
extremism, excessiveness (L7)	غلو

depth, depression (L10)	غَوْر (ج) اغوار
goals (L6)	غايات
change (n.) (L7)	تغيّر (ج) ات
assassination (L6)	اغتيال (ج) ات

ف

interest (fin.) (L3)	فائدة (ج) فوائد
surplus (L4)	فائض (ج) فوائض
spoiling, destroying (L10)	إفساد
palm seed (L10)	فسيلة (ج) فسائل
to be separate (L7)	انفصل – ينفصل (انفصال) عن
branch (L12)	فَرع (ج) فروع
individually (L4)	فُرادى
fear (L11)	فزع
making effective (L4), conducting, carrying out (L7)	تفعيل
poor (L3)	فقير (ج) فقراء
concept (L7)	مفهوم (ج) مفاهيم
to differ, to vary (L9)	تفاوت – يتفاوت (تفاوُت)
to entrust, consign (L5)	فوّض – يفوّض (تفويض)
negotiation (L1)	مفاوضة (ج) ات
to report (L9)	أفاد – يفيد (إفادة)
while (L3)	فيما

ق

next, upcoming (L5)	مُقبِل
shortly before (L8)	قُبَيْل
to estimate (L9)	قدّر – يقدّر (تقدير)
rapprochement, similarity (L2)	تقارب
proposals (L7)	مقترحات
loan (L3)	قرض (ج) قروض
headquarters (L9)	مقرّ (ج) مقارّ
establishing (L12)	إقرار
stability (L3)	استقرار
voting (L5)	اقتراع
colleague (L8)	قرين (ج) أقران
to be connected, linked with (L3)	إقترن – يقترن (إقتران) بـ
intention (L8)	قَصْد
incapable (L3)	قاصر
to be limited (L9)	اقتصر – يقتصر (اقتصار)
issue (L1)	قضية (ج) قضايا
judiciary (L6)	القضاء
getting rid of, eliminating (L4)	القضاء على
to require (L12)	اقتضى – يقتضي (اقتضاء)
requirements (L4)	مُقتضَيات
to pass (L6)	انقضى – ينقضي (انقضاء)
sector (L2)	قطاع (ج) ات
boycott (L5)	مقاطعة
to disturb (L3)	أقلَق – يُقلِق (إقلاق)
insufficiency (L9)	قِلّة
regional (L1)	إقليمي
wheat (L4)	قمح
veil (L7)	قِناع (ج) أقنِعة

convincing (L1)	إقناع
force, power (L11)	قوّة (ج) قوى
resignation (L6)	استقالة (ج) ات
elements, components (L10)	مقوِّمات
valuable, precious (L1)	قيّم
value (L12)	قيمة (ج) قِيَم

ك

to inflict, to cause (L4)	كبّد – يكبّد (تكبيد)
bloc (L4)	تكتّل (ج) ات
concentration (L7)	تكثيف
dignity (L12)	كرامة
to gain, to acquire (L4)	إكتسب – يكتسب (إكتساب)
effectiveness (L5)	كفاءة
equivalent (L9)	مُكافئ
equal (L11)	مُتكافئ
to combat (L7)	كافح – يكافح (مكافحة)
to guarantee (L5)	كفل – يكفُل (كفل)
to cost (L12)	تكلّف
integration (L2)	تكامل
to be hidden, to lie (L7)	كمن – يكمُن (كُمون)
church (L10)	كنيسة (ج) كنائس
electricity (L3)	كهرباء
creature (L10)	كائِن (ج) ات
the universe (L10, L12)	الكَوْن
to consist of, to include (L1)	تكوّن – يتكوّن (تكوُّن) من
components (L10)	مُكَوِّنات
adapting (L4)	تكيّف

ل

fulfilling, meeting (L3)	تلبية
commission, committee (L2)	لجنة (ج) لجان
to insist on, to urge, to press for (L6)	ألحّ – يُلحّ (إلحاح)
urgent (L5)	مُلحّ
moment (L10)	لَحظة (ج) ات
successive, continuous (L7)	متلاحق
therefore (L12)	لذلك
binding, obligatory (L9)	مُلزِم
obligation, commitment (L5)	إلتِزام (ج) ات
to abolish, to annul (L6)	ألغى – يلغي (إلغاء)
to meet (L12)	لَقِيَ – يلقى (لقاء)
to allude to, to hint at (L7)	لمّح – يلمّح (تلميح)
polluting (L10)	تَلْويث
contaminants (L10)	ملوِّثات
regulation (L5), list (L6)	لائحة (ج) لوائح
appropriate, suitable (L7)	ملائم

م

water (L7)	ماء (ج) مِياه
to enjoy (L12)	تمتّع – يتمتّع (تمتّع) بـ
solid (L2)	متين
similar one (L7)	مثيل (ج) ات
erasing, elimination (L11)	محو
extent (L9)	مدى
passing (L8)	تمرير

to continue (L1)	استمرّ - يستمرّ (استمرار)
practice (L7)	ممارسة (ج) ات
infringing upon (L7)	المساس بـ
distorting , spoiling (L6)	مسخ
to put off, to tarry (L6)	ماطل - يماطل (مماطلة)
possibility (L4)	إمكان (ج) ات
to possess (L7)	ملك - يملُك (ملك)
ownership (L11)	ملكية
which (L12)	ممّا
granting (L3)	منح
climate (L7)	مناخ
wave (L7)	موجة (ج) ات
financing (L3)	تمويل
distinguished, distinctive (L4)	مميَّز
to be characterized by (L6)	تميّز - يتميّز (تميّز) بـ
removing (L12)	إماطة

ن

result (L1)	نَتيجة (ج) نتائج
production, producing (L3)	إنتاج
productivity (L9)	إنتاجية
achievement (L4), completion, accomplishment (L5)	إنجاز (ج) ات
resulting from (L9)	ناجم عن
a select group (L10)	نُخبة (ج) نُخَب
correspondent, representative, delegate (L1)	مندوب (ج) ون
meeting place (L12)	منتدى (ج) ات

نداء	appeal (L11)
ندوة (ج) نَدَوات	conference (L10)
نزاع (ج) ات	conflict, dispute (L2)
نزاهة	honesty (L6)
نسّق - ينسّق (تنسيق)	to coordinate (L11)
تنسيق	coordination (L1)
إنشاء	establishing (L2)
مُنشأة (ج) مُنشآت	installation, facility (L7)
ناشد - يناشد (مناشدة)	to implore (L11)
تنشيط	reviving (L7)
نصّ - ينصّ (نصّ) على	to stipulate (L5), stipulating (L6)
انتصار (ج) ات	victory (L8)
نظير (ج) نظراء	counterpart (L2)
نظرية (ج) ات	theory (L9)
منظور	perspective (L12)
منظوم (ج) ات	element (L10)
انتعاش	flourishing (L3)
نعم - ينعُم (نعمة) بـ	to enjoy (L9)
تنافُس	competition, competing (L4)
تنفيذ	implementation, implementing (L2)
نفّذ - ينفّذ(تنفيذ)	to accomplish, to carry out (L1)
إنقاذ	saving (L10)
نفى - ينفي (نفي)	to deny (L2)
انتقد - ينتقد (انتقاد)	to criticize (L11)
انتقاد (ج) ات	criticism (L12)
إنقاذ	saving, salvation (L1)
نقص	lack (L3)
تناقُص	decreasing (L10)
نقطة (ج) نقاط / نقط	point (L12)
نقلة	a step forward (L2)

نَقي	clear (L10)
منكوب	cursed, doomed (L3)
انتمى - ينتمي (انتماء) إلى	to belong to (L12), (L5)
نُموّ	growth (L12)
نهض - ينهَض (نهوض) بـ	to endorse, to champion (L11)
نهى - ينهى (نهي) عن	to forbid (L12)
أنهى - ينهي (إنهاء)	to end, to conclude (L1)
إنارة	lighting (L3)
مناورة (ج) ات	maneuver (L6)
نوعي	significant (L2)
تنوّع	diversity, variety (L10)

ه

هِجرة	migration (L12)
هادِئ	peaceful, tranquil (L10)
تهديد (ج) ات	threat (L1)
أهدر - يهدر (إهدار)	to be in vain, to waste (L3), to regard as non-existent (L12)
هَدَف (ج) أهداف	goal (L5)
استهدف - يستهدف (استهداف)	to aim at (L5)
هارب (ج) ون	fugitive (L4)
مَهمّة (ج) مهام	mission, task (L5)
أُتُّهِم - يُتَّهم (اتّهام)	to be accused (L6)
هُوِيّة	identity (L7, L11)
هوائي	air (adj.) (L10)
هَيْبَة	prestige (L8)
أهاب - يهيب (إهابة) بـ	to call upon, to appeal to (L11)

tremendous (L3)

هـائـل

و

positive (L1)	إيـجـابـي
area, direction (L1), aspect, side (L8), authority (L10)	جِهة (ج) ات
to face (L3)	واجه – يواجِه (مواجهة)
heading for (L1)	متوجِّهاً الى / لـ
to appear, to be found (L10)	ورد – يَرِد (وُرود)
imports (L4)	واردات
resource (L2, L12)	مورد (ج) موارد
income (L4)	إيراد (ج) ات
importing (L3)	استيراد
balance (L8)	ميزان (ج) موازين
balance (L3)	توازن
link (L4)	صلة (ج) ات
contact (L6)	اتّصال (ج) ات
mandate, trusteeship (L6)	وصاية
to explain (L12)	أوضح – يوضح (إيضـاح)
drafting (L2)	وضع
severity (L4)	وطأة
delegation (L6)	وفد (ج) وفود
to send (L2)	أوفد – يوفد (إيفاد)
available (L4)	متوافر
according to (L4)	وِفقاً لـ
according to (L7)	وِفق
in agreement with (L11)	توافُق
compromise, conciliatory (L12)	توفيقي

agreement (L2)	اتّفاق (ج) ات
temporary (L5)	مؤقّت
signing (L1)	تَوقيع
to expect (L4)	توقّع - يتوقّع (توقُّع)
to cease, to stop (L3)	توقّف - يتوقّف (توقّف) عن
worthy of (L4)	أوْلى بـ

ي

easy, soft (L3)	ميسَّر